Wi-Fiモジュール
「ESP8266」
で動かす
「ミニ四駆」キット

Color Index

技適済みのWi-Fiモジュール「ESP8266」を使った「IoT工作」の方法、「ミニ四駆」の組み立てと操作方法を解説します。

第1部　技適済みWi-Fiモジュール「ESP8266」の基本

第1章 「ESP8266」の特長

「ESP8266」の構成と特徴を解説。

第2章 「ESP8266」を動作させる準備

「ESP8266」の使い方を解説。

技適マークのある「ESP-WROOM-02」

「CDP-ESP8266」

第2章 「ESP8266」を動作させる準備

「ESP8266」のピン配置。

ピン番号	名前	機能	ピン処理
1	3V3	電源	3.3V
2	EN	イネーブル	5.1k～10kΩ でプルアップ
3	IO14	IO ピン/HSPI_CLK	－
4	IO12	IO ピン/HSPI_MISO	－
5	IO13	IO ピン/HSPI_MOSI/UART0_CTS	－
6	IO15	IO ピン/MTDO/HSPICS/UART0_RTS	MODE 切り替えと兼用
7	IO2	IO ピン/UART1_TXD	MODE 切り替えと兼用
8	IO0	IO ピン	MODE 切り替えと兼用
9	GND	GND	GND
10	IO4	IO ピン	－
11	RXD	シリアル RXD/GPIO3	変換モジュールの TXD へ
12	TXD	シリアル TXD/GPIO1	変換モジュールの RXD へ
13	GND	GND	GND
14	IO5	IO ピン	－
15	RST	リセット	1k～10k でプルアップ
16	TOUT	ADC	10bitAD ポート
17	IO16	IO ピン	－
18	GND	GND	GND

ピン配置

第2部 技適済みWi-Fiモジュール「ESP8266」でIoT電子工作

第3章 「ESP8266」と「Arduino」を組み合わせる

「Arduino」と接続して「ブラウザ」から制御できる「ワイヤレス・スイッチ」を作ります。

Arduino UNOを使う

Arduino Pro Miniを使う

第4章 「ESP8266」とWebサービスを連携

「IFTTT」というWebサービスを使って、「ドアの開け閉めを検知してツイート」します。

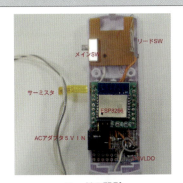

ハードの設計

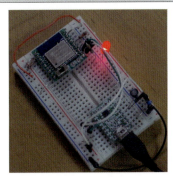

コマンドだけでLEDをON/OFF

機能	名前	Lua	ピン番号
電源	3V3	—	1
イネーブル	EN	—	2
IOピン/HSPI_CLK	IO14	D5	3
IOピン/HSPI_MISO	IO12	D6	4
IOピン/HSPI_MOSI/UART0_CTS	IO13	D7	5
IOピン/MTDO/HSPICS/UART0_RTS	IO15	D8	6
IOピン/UART1_TXD	IO2	D4	7
IOピン	IO0	D3	8
GND	GND	—	9

ピン番号	Lua	名前	機能
18	—	GND	GND
17	D0*	IO16	IOピン
16	ADC	TOUT	ADC
15	—	RST	リセット
14	D1	IO5	IOピン
13	—	GND	GND
12	D10	TXD	シリアル TXD/GPIO1
11	D9	RXD	シリアル RXD/GPIO3
10	D2	IO4	IOピン

Lua Pin配置

Color Index

第3部　技適済みWi-Fiモジュール「ESP266」で「ミニ四駆」を操作

第5章　改造「ミニ四駆」製作キット「MKZ4」を使う

　Wi-Fiモジュール「ESP8266」を内蔵した「改造ミニ四駆製作キット」の「MKZ4」を使った、スマートフォンで操作できるミニ四駆などの改造工作方法を解説。

タミヤの「ワイルドミニ四駆」

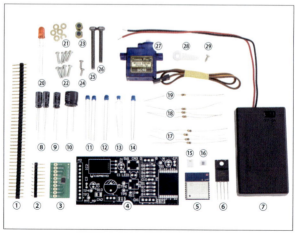

ワイルドミニ四駆改造キット「MKZ4」

技適済み Wi-Fi モジュール「ESP266」で「ミニ四駆」を操作（第3部）

MKZ4 基板・電子パーツ

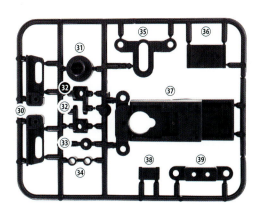

プラパーツ

改造キット以外に必要なもの

USBシリアル変換基板を作れるキット。	改造キットを作るのに必要なツール類。

ライターキット「MKZ4WK」

ツールセット例

5

Color Index

第6章　電子部品のハンダ付け

ハンダ付けの方法を解説。

MKZ4 基板 完成写真

第7章　ソフトの書き込み

基板にソフトを書き込みます。

プログラムの書き込み

第8章　「ステアリング機構」組み立て

ステアリング部分を改造します。

ワイルドミニ四駆シャーシの加工

第9章　「MKZ4」の動作確認

実際にスマホから操作できるか確認。

「ワイルドミニ四駆」の完成

第10章　「MKZ4」応用編

「Lチカ」させたり戦車を動かしたりします。

戦車を改造

附録　より高度な設定をする

SDKを使って高度な設定方法を解説。

調光式フォトスタンド

はじめに

　(株)Cerevoは、改造ミニ四駆製作キット「MKZ4」を開発・販売しています。

　本書は、その公式ガイドブック「徹底解説！MKZ4ガイドブック」をベースに、無線LANモジュール「ESP8266」の使い方や作例を加えた、電子工作の解説書です。

＊

　この「MKZ4」は、(株)タミヤ製の「ワイルドミニ四駆」を、ラジコンのように、スマートフォンから操作できるように改造するキットです。

　ハード開発に必要な「メカ機構」「電気回路」「プログラム」といった、いくつもの要素を、このキットを通じて体験できるようになっています。

　本書では、電子工作の初心者に向けて、工作の手順を詳細に解説し、完成後も楽しんでいただけるよう、さまざまな改造の事例も紹介しています。

　また、「MKZ4」でも採用している「ESP8266」モジュールの活用方法について、コンピュータ誌の月刊「I/O」に寄稿した記事も再収録し、さらに電子工作のカスタマイズ方法も載せています。

　本書を通じて、「IoT」や「電子工作」の楽しさだけでなく、電子工作にまつわるさまざまな技術が身につけていただければ幸いです。

Cerevo

Wi-Fi モジュール
「ESP8266」で動かす「ミニ四駆」キット

CONTENTS

Color Index ··· 2
はじめに ·· 7
サンプルのダウンロード ··· 10
サンプルコードの使用について ······································ 10

第1部　技適済みWi-Fiモジュール「ESP8266」の基本

第1章　技適済みWi-Fiモジュール「ESP8266」の特長

[1-1]「ESP8266」とは何か ················ 12
[1-2]「ESP8266」でできること ··········· 13
[1-3]「ESP8266」のスペック ·············· 14
[1-4]「ESP8266」の入手方法 ·············· 15

第2章　「ESP8266」を動作させる準備 〜「ブレッドボード」に載せて「ATコマンド」を発行〜

[2-1]「別途用意する部品」一覧 ············· 16
[2-2]「ブレイクアウト基板」の
　　　実装の注意点 ······ 17
[2-3]「ピン配置」一覧 ······················ 18
[2-4]「シリアル・インターフェイス」
　　　モジュールとの接続方法 ·········· 19
[2-5]「ATコマンド」動作確認 ·········· 19

第2部　技適済みWi-Fiモジュール「ESP8266」でIoT電子工作

第3章　「ESP8266」と「Arduino」を組み合わせる 〜「Arduino」で「ワイヤレス・スイッチ」を作成〜

[3-1] Wi-Fiモジュール「ESP8266」について ········· 24
[3-2]「Arduino UNO」を使う【作例①】 ········· 25
[3-3]「Arduino Pro mini」を使う【作例②】 ·········· 30
[3-4]【補足】パケットを解析する ········· 32

第4章　「ESP8266」とWebサービスを連携 〜「ドアの開閉」で「引きこもり」をツイート〜

[4-1] 広大なネットワークの海に漕ぎだす ··· 33
[4-2]「Lua」とは ·························· 33
[4-3] ハードの仕様と作成 ················ 38
[4-4] 準備 ································· 39
[4-5]「IFTTT」で外界へ！ ··············· 43
[4-6]「ESP8266」からツイートする ····· 44
[4-7]「引きこもり係数」測定装置の動作 ·· 45
[4-8] ソフトを「Lua」で開発する ········· 46
[4-9] 結　果 ···························· 52

第3部　技適済みWi-Fiモジュール「ESP266」で「ミニ四駆」を操作

第5章　改造「ミニ四駆」製作キット「MKZ4」を使う

[5-1]「MKZ4」について ·················· 54
[5-2]「MKZ4」で行なう改造の行程 ····· 55
[5-3]「MKZ4」シリーズの概要 ········· 57
[5-4] 組み立てに必要な道具 ············ 62

CONTENTS

第6章		電子部品のハンダ付け
[6-1]	ハンダ付けの準備 64	[6-4] テスターによる検証 87
[6-2]	ハンダづけ作業の流れ 69	[6-5] ライターキット「MKZ4WK」
[6-3]	MKZ4基板のハンダ付け 70	のハンダ付け 94

第7章		ソフトの書き込み
[7-1]	Arduinoのダウンロードとインストール 99	[7-4] デバイスドライバのインストール 106
[7-2]	「Arduino IDE」で	[7-5] プログラムの書き込み 108
	ESP8266開発の設定 102	[7-6] 動作確認 110
[7-3]	Arduinoスケッチ(ソースコード)	[7-7] 電池ボックスへ電池をセット 111
	のコンパイル 104	

第8章		「ステアリング機構」組み立て
[8-1]	ワイルドミニ四駆シャーシの加工 112	[8-3] ステアリングの組み立て 118
[8-2]	「ワイルドミニ四駆ホイール」の加工・組み立て 116	[8-4] 「シャーシ」の組み立て 120

第9章		「MKZ4」の動作確認
[9-1]	スマートフォンブラウザによる	[9-2] 操作説明 126
	「MKZ4」への接続 125	[9-3] MKZ4応用編へ 127

第10章		「MKZ4」応用編 〜もっと改造してみよう!〜
[10-1]	LEDをチカチカ点滅させよう	[10-4] 「Milkcocoa」を使った
	(Lチカ) 128	MKZ4遠隔操作 138
[10-2]	「ヘッドライト」「ブレーキランプ」	[10-5] 戦車を改造しよう(「ESP8266」を
	の点灯 131	使った作例) 145
[10-3]	スマートフォンの傾きで	[10-6] 「オリジナル筐体」を作ってみよう 150
	「MKZ4」を操作 137	

附録	「ESP8226」により高度な設定をする 〜「espressif」が用意しているSDKの環境構築〜
[附-1]	必要なファイル 160	[附-6] WebServer 170
[附-2]	SDK環境のインストール 161	[附-7] HTMLの記述 170
[附-3]	調光式フォトスタンド 167	[附-8] 簡単な処理の流れ 171
[附-4]	作成したファイル 168	[附-9] 注意点 172
[附-5]	PWMの記述説明 168	[附-10] 作例 173

索引 174

サンプルのダウンロード

本書のサンプルデータは、サポートページからダウンロードできます。

＜工学社ホームページ＞

http://www.kohgakusha.co.jp/support.html

ダウンロードした ZIP ファイルを、下記のパスワードを大文字小文字に注意して、すべて半角で入力して解凍してください。

TurRLj45ba

サンプルコードの使用について

本書に記載されているサンプルコードは、「修正BSDライセンス」で配布しています。著作権およびライセンス条文、無保証を記載すれば使用の制限はありません。

本書に掲載されているソフトおよびファイルの、使用または使用上の不具合などにより生じた、いかなる損害に関しても、筆者および工学社は一切責任を負いません。

［注意事項］

組み立て時には、以下の注意事項をよく読んだ上で作業を始めてください。

・ハンダ付け作業を行なう際には換気を良くして、煙を直接吸い込まないよう注意してください。
・ハンダごては非常に高温になります。 やけどや火事に注意し、使わない場合は、必ず電源を切ってください。
・基板上のすべての部品をハンダ付けした後、テスターを用いて導通しているか確認してください。 特に電源のラインとGNDがショートしていると故障や発煙発火に至る恐れがあります。注意してください。
・ハンダごて、ニッパー、ピンバイス、ドリル刃、ピンセットは先端が鋭利になっています。取り扱いには注意してください。
・プラスチックパーツは鋭利な部分があります。怪我に注意してください。直接触れる場合やニッパーで切り離したときに切れ端が飛散しないように、注意してください。
・「MKZ4」は(株)タミヤの公認商品ではありません。本製品に関する一切の責任は「Cerevo」に属します。

●ミニ四駆は、株式会社タミヤの登録商標です。
●その他各製品名は、一般的に各社の登録商標または商標ですが、®およびTMは省略しています。

第1部
技適済みWi-Fiモジュール「ESP8266」の基本

ここでは、Wi-Fiモジュール「ESP8266」の基本的な解説をします。

第1章　技適済みWi-Fiモジュール「ESP8266」の特長
第2章　「ESP8266」を動作させる準備

第1章 技適済みWi-Fiモジュール「ESP8266」の特長

そもそも本書で使うWi-Fiモジュール「ESP8266」とはどういったものなのでしょうか。
ここでは「ESP8266」の仕組みと特長を解説します。

1-1　「ESP8266」とは何か

　本書では「ESP8266」と表記していますが、正式には「CPU」と「Wi-Fi機能」が搭載されたIC「ESP8266EX」(Epressif Systems社)に、周辺回路の「クロック」や「メモリ」「パターンアンテナ」「シールド」を付けてモジュール化した、「ESP-WROOM-02」を指します。

　このモジュールのいちばんの魅力は、「32ビットCPU」と「Wi-Fi機能」が1つにモジュール化され、市場価格も500円程度と非常に安価な点です。
　これまでネットワークに接続できる機器を個人で作ろうとすると、「CPUボード」と「汎用Wi-Fiモジュール」を組み合わせて、1万円程度はかかっていたことを考えると、破格のコストと性能です。

　また、「Wi-Fi」で使う電波の利用には国ごとに法律が定められており、日本では「技術基準適合証明」と「技術基準適合認定」のいずれかを総務省申請して基準を満たしているかの認定を取得する必要があります。
　これらの認証は通称「技適」と呼ばれ、「技適マーク」と呼ばれるロゴを製品につけることになります。

　このマークのない製品は認定を受けていないということになり、国内で利用することはできません。
　「ESP-WROOM-02」は、写真のように技適認証マークが入っており、日本でも安心して使えます。

[1-2] 「ESP8266」でできること

「技適マーク」がないと日本では使えない

　このモジュールによって、いわゆるネットにつながる「IoT」(Internet of Things)機器が個人の趣味でも気軽に作れるようになりました。

　そのため、多くのユーザーが愛用しており、世界で使用例も公開され情報が豊富です。

　Cerevoでも、重たい動画配信などではなく、センサの結果だけを扱うような軽いデータ通信を行なうプロダクトに採用しています。

1-2　「ESP8266」でできること

　購入時の状態では、「UART」※というCPUでは汎用的な通信方式で、別のホストCPUと通信して、「ATコマンド」という通信方式で「Wi-Fi」を制御し、「ESP8266」を通して「PC」や「スマートフォン」「タブレット」と通信することができます。

※ Universal Asynchronous Receiver Transmitter

　また、開発環境を整えることで、UART経由でCPUのプログラムを書き換えることができ、より多くの機能を自由に扱えます。

　「Wi-Fiの制御」はもちろん、CPUの「GPIO」※を制御して「接続したLEDの輝度を変える」ことができます。

　また、「SDカードとの通信」「I^2Cデバイスのセンサとの通信」「ADC※※を

第1章　技適済みWi-Fiモジュール「ESP8266」の特長

使ってアナログ・センサの値を読む」こともできます（ADCは1ポートのみ）。

> ※ General Purpose Input/Output（汎用入出力）
> ※※（Analog-to-Digital Converter）

「Wi-Fi」がない「汎用マイコンボード」では、「GPIO」に「LED」と「スイッチ」を接続して、「スイッチを押すとLEDが光る」といったクローズドな構成にしかなりませんが、「ESP8266」を使えば、「スマホの画面上のボタン」をタップして、「LED」を遠隔からネットワーク越しに光らせる、といったことが可能になります。

「モータ」をつなげば、「スマートフォンでコントロールするラジコン」のようなものもできます。

さらに応用すると、「ESP8266」につないだセンサの値をネットワーク上に上げてクラウド上で解析したり、解析結果をユーザーに通知することもできます。

ただし、大きなデータを連続して送受信する機能は不十分なので、動画を常時ネットに上げるような用途には向いていません。

＊

開発環境は、「SDK」と呼ばれる本職の組み込みエンジニアが開発するようなものもメーカーから配布されていますが、個人用途では難易度が高いです。

幸い、「Arduino IDE」の開発環境でスケッチを作る方法が、有志によって公開されているので、本書では基本的に「Arduino IDE」を利用した作例を中心に紹介します。

1-3　「ESP8266」のスペック

「ESP8266」のスペックを下に記します。

メーカー名	Espressif Systems
型名	ESP-WROOM-02
無線LAN	IEEE802.11 b/g/n（2.4GHz）準拠 SSL/TLS対応TCP/IPスタック搭載 認証方式: WPA/WPA2対応 暗号方式: WEP/TKIP/AES対応 動作モード: AP, STA, AP+STA

CPU	32bit MCU
RAM	<50kB
FLASH	2MB or 4MB
インターフェイス	SDIO、SPI、UART、I2C、I2S、PWM、GPIO、IR、10bitADC等
電源電圧	3.0-3.6V
消費電流	平均80mA（環境によって異なる）
動作温度	−40℃〜120℃
モジュールサイズ	25x18mm
無線認証	TELEC（技適）取得済み（R 206-000519）

1-4 「ESP8266」の入手方法

　Cerevoでは、「Cerevo オフィシャルストア」で、「Cerevo Makers series」として「ブレイクアウトボード付き」と、「ESP-WROOM-02単体」の両方を取り扱っています。

CDP-ESP8266（ESP-WROOM-02＋ブレイクアウトボード）

http://cerevo.shop-pro.jp/?pid=91592223

ESP-WROOM-02（ESP-WROOM-02単体）

http://cerevo.shop-pro.jp/?pid=91608654

　また、後ほど出てくる「改造ミニ四駆製作キット」の「MKZ4」にも、メインパーツとして、「ESP8266」を採用しています。

MKZ4

http://cerevo.shop-pro.jp/?pid=104131889

　「MKZ4」に関しては、秋月電子通商さんの秋葉原にある店頭や、通販でも取り扱っています。

スマートフォンで操作する「改造ミニ四駆製作キット」[MKZ4]

http://akizukidenshi.com/catalog/g/gK-10825/

第2章 「ESP8266」を動作させる準備
~「ブレッドボード」に載せて「ATコマンド」を発行~

ここからはWi-Fiモジュール「ESP8266」の使い方を解説していきます。

ここでは、まず最低限の動作をさせるために、下記5点に絞って解説します。

(1)「別途用意する部品」一覧
(2)「ブレイクアウト基板」の実装の注意点
(3)「ピン配置」一覧
(4)「シリアル・インターフェイス」モジュールとの接続方法
(5)「ATコマンド」で動作確認

2-1 「別途用意する部品」一覧

手軽に「ESP8266」を「ブレッドボード」で動作確認するための「追加部品」の一覧です。

いずれも、秋葉原のパーツショップやネットショップで容易に入手できるものです。

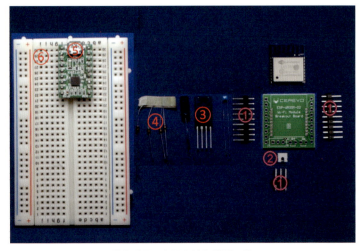

動作確認に必要な追加部品一覧

16

①「ピン・ヘッダ2.54mm」9ピン×2、3ピン×1
②ショートピン×1
③3.3Vレギュレータ＋入出力コンデンサ ×1
　写真例は「**NJU7223F33**,0.33uF,100uF」です。
　「LDO」は余裕をもって1A以上流せるものが必要です。
　4pinのON/OFF端子は1pinのVINとジャンパーでつなぎます。
④10kΩ抵抗×4
　④に関しては、回路図の通りではなく、10kΩ程度でも動作するので、部品の種類を減らすため統一しました。
⑤USBシリアル変換モジュール×1
　「FT231X USBシリアル変換モジュール」です。
　IOが「3.3V」出力のものか、別途USBバスパワーが取れるものを選んでください。
　「5V」だと、「Wi-Fi」モジュールが破損します。
⑥ブレッドボード×1

2-2　「ブレイクアウト基板」の実装の注意点

　狭ピッチではないので、ハンダ付けに抵抗のない方なら、特に問題なく実装できると思います。

　ハンダ付けに慣れていない方は、下記の手順を参考にしてください。
[1]まず、基板にモジュールを載せます。
　この部品に限らず、表面の実装部品のハンダ付けは、位置決めがコツです。
　慎重に位置を合わせて、「マスキング・テープ」などで固定します。

モジュールを「ブレイク・アウト」基板※に仮止め

※ピッチを広くして作業をしやすくするための基板。

第2章 「ESP8266」を動作させる準備

　左右にも、「ピン・ヘッダ」の穴を埋めてしまわないようマスキングします。

[2]四隅をハンダ付けして固定してから、他のピンをハンダ付けしていきます。

[3]その後「3ピンのヘッダ」と、ブレッドボードに固定してから「9ピン・ヘッダ」をそれぞれハンダ付けします。

[4]「R4」と「R6」に「5.1－10kΩ」の抵抗をハンダ付けします。

[5]「ショート・ピン」は、シルクで[B]と書かれたほうに挿入します。

2-3　「ピン配置」一覧

　ピン配置です(**表1**)。

　電源、GND、他の最低限のピン処理は、「網付き」で表わされています。

表1 ピン配置

ピン番号	名前	機能	ピン処理
1	3V3	電源	3.3V
2	EN	イネーブル	5.1－10kΩでプルアップ
3	IO14	IOピン/HSPI_CLK	－
4	IO12	IOピン/HSPI_MISO	－
5	IO13	IOピン/HSPI_MOSI/UART0_CTS	－
6	IO15	IOピン/MTDO/HSPICS/UART0_RTS	MODE切り替えと兼用
7	IO2	IOピン/UART1_TXD	MODE切り替えと兼用
8	IO0	IOピン	MODE切り替えと兼用
9	GND	GND	GND
10	IO4	IOピン	－
11	RXD	シリアルRXD/GPIO3	変換モジュールのTXDへ
12	TXD	シリアルTXD/GPIO1	変換モジュールのRXDへ
13	GND	GND	GND
14	IO5	IOピン	－
15	RST	リセット	1k－10kでプルアップ
16	TOUT	ADC	10bitADポート
17	IO16	IOピン	－
18	GND	GND	GND

3V3	R4orR3	IO2	FLASH Boot Mode	GND	IO0	3V3
IO15	R6orR5	GND	UART DownLoad Mode	GND	IO0	3V3

2-4 「シリアル・インターフェイス」モジュールとの接続方法

秋月電子の「FT231Xモジュール」との接続の例です。

このモジュールからも「3.3V」電源が取れますが、「50mA」と少ないので、USBバスパワーから、別途レギュレータで「3.3V」を作って、「ESP8266」に供給します。

ブレッドボード上の接続図

2-5 「ATコマンド」動作確認

「ATコマンド」※を送る方法は、シリアル通信ができるツールであれば、どれでも可能だと思います(「TeraTerm」や「CoolTerm」など)。

※通信機器の制御や設定を行なうための簡易な言語。

ここでは、「Arduino IDE」を使います。

ここで解説する画面は「Mac版」ですが、「Windows版」でも基本操作は同じです。

[1]まず、「Arduino IDE」を下記URLからダウンロードしてインストールしてください。

https://www.arduino.cc/en/Main/Software

[2]IDEの「シリアル・モニタ」を使います。

まず、USBシリアル変換モジュール「FT231X」とパソコン(Mac)をUSBでつなぎ、「Arduino IDE」を接続します。

「ツール→Serial Port」から、接続した「シリアル変換」モジュールに該当するPortを選択してください(Windowsでは該当する「COM Port」)。

第2章 「ESP8266」を動作させる準備

Serial Port選択画面（Mac画面）

[3]「シリアル・モニタ」をクリック。
[4]「115200 band」を選択。
[5]「CRおよびLF」を選択。
[6]「ATコマンド」を入力。

　送信欄に、「AT」を入力して[送信]ボタンを押し、「OK」が返ってくれば、通信はOK。

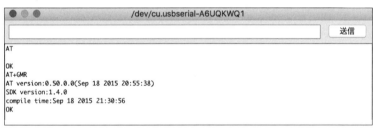

ATコマンド通信例

　これで最低限の開発環境が整いました。

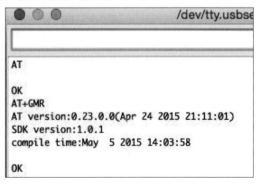

"AT+GMR"で現在のバージョンを表示

■ IPアドレスの確認

[1]「AT+CWMODE=1」入力後(StationMode)、使うWi-Fiの「SSID」と「PassWord」を、「AT+CWJAP="SSID","PassWord"」に入力します※。

> ※「,」の前にスペースがあるとエラーになるので注意。

[2]接続に成功したら、「AT+CIFSR」コマンドでモジュールのIPアドレスが確認できます。

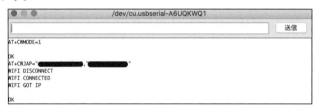

「ATコマンド」で「IPアドレス」確認

*

ATコマンドの詳細は、公式ページから入手可能なので、他のコマンドも参考にしてください。

http://www.espressif.com/sites/default/files/4a-esp8266_at_instruction_set_en_v1.5.4_0.pdf

http://www.espressif.com/sites/default/files/documentation/4b-esp8266_at_command_examples_en.pdf

*

今回の「評価キット」の状態

以後、今回の「評価キット」を使っていきます。

第2部

技適済みWi-Fiモジュール「ESP8266」でIoT電子工作

ここでは、Wi-Fiモジュール「ESP8266」を「Arduino」と組み合わせて、無線機能を追加したIoT工作を行ないます。

第3章 「ESP8266」と「Arduino」を組み合わせる
第4章 「ESP8266」とWebサービスを連携

第3章 「ESP8266」と「Arduino」を組み合わせる
～「Arduino」で「ワイヤレス・スイッチ」を作成～

ここでは、実際に役立つ作例を紹介します。
　いろいろなアプローチがあると思いますが、ここでは「Arduino」と接続して、「PC」や「スマホ」の「ブラウザ」から制御できる、「ワイヤレス・スイッチ」を作ってみます。

　「ブレッドボード」ムキ出しで放置するのではなく、最終的には「ケース」に入れて、実用的な段階までもっていきましょう。

3-1　Wi-Fiモジュール「ESP8266」について

　復習になりますが、本書ではWi-Fiモジュールとして「ESP-WROOM-02」を採用しています。

　この「ESP-WROOM-02」は、「ESP8266」という名前のチップを搭載していることから、チップの名前そのものである「ESP8266」と呼ばれることも多く、本書でも「ESP8266」という名称で説明します。
　電子工作では、基板やパーツだけでなく、それらをコントロールするためのプログラムが動作する「マイコン」(小さなパソコン)が必要ですが、この「ESP8266」はWi-Fi機能だけでなくマイコンやプログラムを動作するためのメモリも搭載しているため、電子工作界隈で非常に人気を集めています。

　秋葉原の電子パーツショップや大手ECサイトで容易に入手でき、値段も数百円程度と非常に安価です(2016年7月現在)。

3-2 「Arduino UNO」を使う【作例①】

最初は「ブラウザ」から「LED」を制御できる装置の作り方からです。

＊

「Arduino UNO」と「ESP8266」を、下記のようにつなぎます。

Arduino	ESP8266
5V - LDO — 3.3V	(3.3V):1
GND	(GND)
D7:SoftSerial TXD - 18k/33k (3.3V 相当に分圧)	(RXD):12
D8:SoftSerial RXD	(TXD):11
D2:Port	ESP_RST (3.3V 相当に分圧して接続):2
D14:Port	ESP_EN (3.3V 相当に分圧して接続):15

D3:PWM	- R -	LED(G)
D5:PWM	- R -	LED(Y)
D6:PWM	- R -	LED(R)

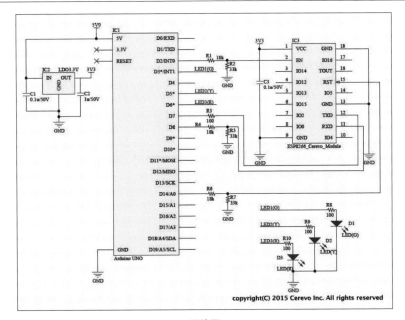

回路図

第3章 「ESP8266」と「Arduino」を組み合わせる

「ブレッドボード」でも、同じつなぎ方で実現できますが、部品点数も多少増えたので、自作の「Wi-Fiシールド」を作ってみました。

自作のWi-Fiシールドに載せた状態

「回路図」と「写真」を参考に、ハンダ付けもトライしてみてください。

※ハンダ付けについては、第6章で解説。

■ 動作の仕組み

「ESP8266」と「Arduino」はシリアル通信し、Wi-Fi経由で「ボタン押下ステータス」を送受信しています。

また「Arduino」の「ポート」を使って、LEDを点滅させています。

＊

具体的には、「ESP8266」は「Webサーバ」として機能させ、ブラウザに表示する文字(HTML文書)は、「ESP8266」が出力します。

※ここでは、あまり細かく説明しないので、分からない用語は各自調べてください。

参考に簡単なブロック図を載せます。

[3-2]「Arduino UNO」を使う【作例①】

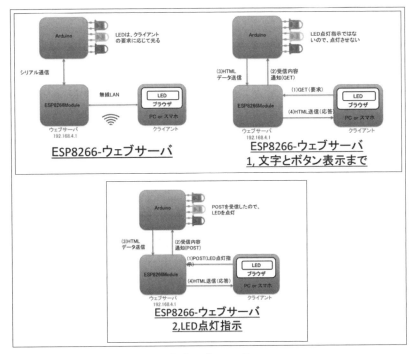

簡単なブロック図

　図の矢印の向きや、「入力」か「出力」かを意識して追ってみると、分かりやすいです。

＊

Arduinoの「スケッチ」（プログラム）はサポートページからダウンロードしてください。
【ダウンロードするファイル】
Arduino_UNO_WLAN-LEDcontrol.ino

＊

　このままコピー&ペーストして使ってもかまいませんが、ざっくり説明すると、

・「ESP8266」をハードリセット。
・「ESP8266」をリセット解除。
・「ESP8266」のEnableをON。
・「ESP8266」をソフトリセット。

第3章 「ESP8266」と「Arduino」を組み合わせる

- 「ESP8266」をアクセスポイント・モードに設定。
- 「ローカルIPアドレス」の取得。
- マルチ接続設定ONで1つ以上のアクセスを受け付ける。
- サーバモードONで80番ポートをアクセス可能に。
- HTMLで文字とLEDボタンを表示。
- "POST"を受け取ったら、「LED2」と「LED3」を交互に光らせる。

となっています。

　スケッチの「コメント」も参考にしてください。

＊

「ESP」の制御ウェイトは長めにとってあります。

　「USBケーブル」をつないだ状態だと、「シリアル・コンソール」に、ステータスが随時表示されます。
　無線だと状態が分からないので、「LED1」は「ステータス表示」に使いました。

> **Memo**　「Arduino」(AVR)ではなく、他のマイコンでも、通信コマンド内容は同じなので、好きなマイコンへの移植も容易だと思います。

■ 操作方法

　電源を入れて「LED1」が光ると、「ESP8266」の接続準備が完了です。
　「PC」や「スマホ」のWi-Fi接続から、「ESP－＊＊＊＊」を選択して、ネット接続します。
　つながったら、ブラウザのURL欄に「192.168.4.1」(デフォルト値)と入力してください。

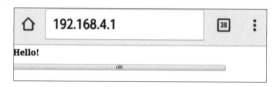

ブラウザのURL欄に「192.168.4.1」と入力

　図のように「"Hello!"の文字」と「LED」のボタンが表示されます。

[3-2] 「Arduino UNO」を使う【作例①】

　再度「LED1」が光ったら、「LEDボタン」をクリックして、「LED2」が光れば、成功です。

　しばらくすると「LED2」が消えて、また「LED1」が光ります。

　「LEDボタン」をクリックすると、こんどは「LED3」が光り、「LED2」と「3」が交互に光ります。

＊

　流れを書くと、下記になります。
　[ ]内は、ユーザーの操作になります。

```
LED1点灯→[ESPにWi-Fi接続設定]→[ブラウザに"192.168.4.1"入
力]→ブラウザ表示→LED1点灯→★[LEDボタン押下]→LED2点灯
→LED1点灯→[LEDボタン押下]→LED3点灯→LED1点灯
                                    ★に戻ります。
```

※うまく表示されない場合は、ブラウザをリロードしてみてください。

 サポートページの動画も参照してください。

[動作するWebブラウザ]

Windows8.1	IE11、Chrome、Firefox
Mac	Safari、Chrome
Android	Chrome
iPod touch	Safari

※自分の環境では表示できることを確認していますが、ブラウザの解釈によっては表示できない場合もあるので、ご了承ください。

＊

　「LEDを光らせるだけで大げさな……」と思うかもしれませんが、ここまでできたということは、これまで作った「スケッチ」を、即「無線化できる」ことを意味しています。

　LEDを光らせる代わりに、好きな「スケッチ」に置き換えてみてください。

第3章 「ESP8266」と「Arduino」を組み合わせる

【作例改】ワイヤレス肉球

応用として、「サーボ・モータ」のみを追加して、"癒し系のIoTガジェット"「ワイヤレス肉球」を作ってみました。
スマホのブラウザ上から、"肉球タッチ"を試すことができます。

 サポートページで動画を公開しています。

3-3 「Arduino Pro mini」を使う【作例②】

また、Arduinoの魅力として豊富なクローンも挙げられます。

たとえば「3.3V IO」の小型タイプ「Arduino Pro mini」を使えば、分圧しなくても直接「ESP8266」がつなぐことができ、「単4電池」2本で駆動可能なので、よりコンパクトなプロダクトが出来ます。

*

回路図は、下記のように、先ほどよりもシンプルになります。

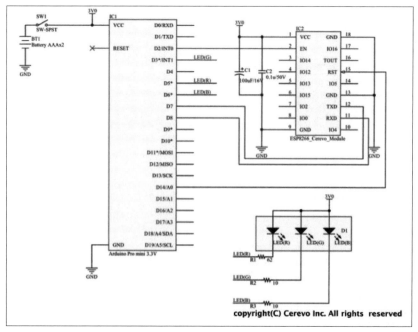

回路図②

[3-3] 「Arduino Pro mini」を使う【作例②】

右の写真は、「フルカラーLED」を光らせたものです。
簡単なケースもモデリングして、3Dプリントしてみました。

発光部は、「トレーシング・ペーパー」を貼っています。

「フルカラーLED」を光らせたもの

中身

　先ほどのサポートページに「スケッチ」と「回路図」の他、「3Dプリント用」の「Autodesk 123D」のデータと「STL」のデータも入れたので、参考にしてください。

　動作は「UNO」のものとほぼ同じです。

 サポートページで動画を公開しています。

第3章 「ESP8266」と「Arduino」を組み合わせる

「Arduino UNO」(作例①) と「シールド版」(作例②) と比べると、ぐっと製品に近くなっていると思います。

> ※なお、「ESP8266」のWebサーバには複数のクラアントを同時につなぐこともできます。
> また、ブラウザで動くので、「iPhone」でも「Windows」でも、機種に関係なく動作します。

3-4　[補足] パケットを解析する

「ワイヤレスLAN」と言っても、意図通り送受信できているか確認したい場合もあります。

そこで、「Windows」「Mac」両対応している定番の「パケット解析用フリーソフト」である「Wireshark」(ワイヤーシャーク)を使い、パケットを「キャプチャ」「フィルタリング」して、解析してみます。

```
https://www.wireshark.org/
```

そうすることで、たとえば、(a)「ESP8266」から意図通り「HTML」が送信できているか、(b)「LEDボタン」を押したときに「POST」しているか、などが確認できます。

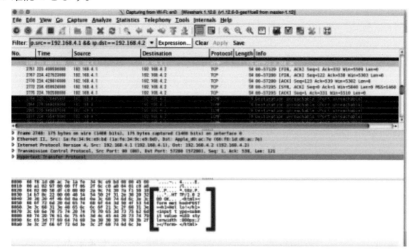

Wireshark

第4章 「ESP8266」とWebサービスを連携
～「ドアの開閉」で「引きこもり」をツイート～

「Lua」を開発環境にして、「ドアの開け閉めを検知してツイート」するデバイスを作ります。さらに、あまりに外に出ないと、「引きこもり係数」が上昇して、勝手に「引きこもり宣言」を発信するようにします。

4-1 広大なネットワークの海に漕ぎだす

ここでは「IFTTT」(イフト)というWebサービスを使って、広大なネットワークの海に漕ぎだします。

*

まず、「Lua」の環境を整えるために、「ESP8266」のファームを書き換えます。

ただし、「ファームの書き換え方法」には、機種依存があるので、「Windows」と「Mac」に分けて解説します。

> ※そのうち「Windows」のほうがGUIがあり、初心者向け。

4-2 「Lua」とは

「汎用のスクリプト言語」です。
「ESP8266」以外にも、規模の小さめのマイコンにも対応します。

一度書き込めば、再度コンパイルして書き込みしなくても、スクリプトを入力するだけで、手軽に開発できます。

Luaの公式サイトは以下のURLとなります。文法や関数を調べるときに使ってください。

```
https://www.lua.org/
```

> ※本書では、Luaの言語の解説はしません。Lua言語については、他の解説書籍などを参考にしてください。

第4章 「ESP8266」とWebサービスを連携

■「Lua」ファームの書き込み(Windows編)

[1]まずはじめに、

https://github.com/nodemcu/nodemcu-flasher

で書き込みソフトの「**NodeMCU Flasher**」をダウンロードします。

　これを使えば、**2章**で解説した「**FT232RL**」などの「シリアル変換モジュール」を通して書き込むことができます。

[2]パソコンと「ESP8266」(2章で使った「評価キット」)をつないで、続いて「NodeMCUFlasher」を起動、使う「COM port」を選択します。

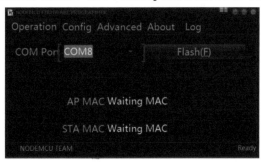

　Luaを実行するために必要なファームウェア「NodeMCU」をビルドします。

[1]「NodeMCUのビルド」は、以下サイトで、オンラインで行ないます。

https://nodemcu-build.com/

[2]必要なモジュールをチェックしてビルドします。
　今回は「ADC」「file」「GPIO」「HTTP」「net」「node」「PWM」「timer」「UART」「WiFi」にチェックをつけてビルドしました。
　ビルドには2～3分かかるので、ビルド完了後にメールが届く仕組みになっています。

＊

　ダウンロードした「ビルド済みのNodeMCUバイナリファイル」を「NodeMCU Flasher」を使ってESP8266に書き込みます。

[1] ダウンロードした「NodeMCU Flasher」のWin32/Win64フォルダ内の「exeファイル」をクリックして、「NodeMCU Flasher」を起動します。

[2]「ESP8266」と「シリアル変換モジュール」を接続し、「UART Download Mode」で「ESP8266」を起動させます。

[3]「シリアル変換モジュール」の「COMポート」を選択します。

[4]「Config」タブを選び、ギアマークをクリックして、ダウンロードした「ビルド済みのNodeMCUバイナリファイル」を選択します。アドレスは、「0x00000」のままでOKです。

第4章 「ESP8266」とWebサービスを連携

[5] [Operation]タブに戻って[Flash (F)]ボタンをクリックすると、ボタンが[Stop (S)]に変わり、「プログレス・バー」が出て書き込みを開始します。

[6] [Stop (s)]が[Flash (S)]に戻って、右下に「Ready」の表示が出れば、書き込み終了です。

■「Lua」ファームの書き込み(Mac編)

Macでは、「ESP8266」にファームウェアを書き込むために「esptool」をインストールします。

「esptool」のgithubのURLは以下になります。

https://github.com/espressif/esptool

この解説に従って、「Luaファームウェア」を「ESP8266」に書き込みます。

Windowsと同様に「NodeMCU」のビルドは、以下のサイトでオンラインで行ないます。

```
https://nodemcu-build.com/
```

[1]「esptool」のインストールのために、まずは「python」のバージョン管理ツール「pip」をインストールします。
ターミナルを起動して、

```
$ sudo curl https://bootstrap.pypa.io/get-pip.py -O | python
```

を実行します。

[2] esptool公式サイトにあるように、「esptool」をインストールします。

```
$ pip install esptool
```

[3] USB シリアル変換モジュールをつないでドライバ名を調べます。
コンソールで、

```
$ ls /dev/tty*
```

と入力すると、一覧が出ます。
ここでは下記でした。

```
/dev/tty.usbserial-DJ00L64D
```

[4]「esptool」で書き込みます。「ESP8266」を「UART DownLoad Mode」に「ピン・ヘッダ」or スイッチを設定します。

```
esptools.py --port ポート名 (ここでは /dev/tty.usbserial-DJ00L64D)
write_flash 0x00000 書き込みファイル名
```

で書き込みます。

今回の書き込み時はこのようになりました。

```
esptool.py -p /dev/tty.usbserial-DJ00L64D write_flash 0x000000
nodemcu-master-9-modules-2016-12-21-01-33-09-integer.bin
Connecting...
Erasing flash...
Wrote 449536 bytes at 0x00000000 in 49.1 seconds (73.2 kbit/s)...
```

第4章 「ESP8266」とWebサービスを連携

4-3 ハードの仕様と作成

"おうちハック"に近いので、あまりみすぼらしい外見は避けたく、100円均一ショップで売っている「防犯ブザー」と、IKEAの人感センサ付きライト「OLEBY」を使いました。

＊

まず、防犯ブザーの中に「ESP8266」を入れて、開閉検知用のリードスイッチの信号と電源を接続します。

IKEAの「ライト」からは、「人感センサ」の信号線を引き出して、「ESP8266」に接続します。

続いて、温度測定用の「サーミスタ」を100kΩでプルアップ(pull-up)して、「ESP8266」の「TOUTピン」に接続します。

ハードの設計

ただし、「ESP8266」の「ADコンバータ」は「0~1」Vの範囲で入力する必要があるので、注意してください。

4-4 準備

「Lua」のファームウェアを書き込むところまで説明したので、その後の準備について説明します。

■ 「Lua」のpin配置

スクリプト言語「Lua」のポート指定と、「ESP8266」の「GPIO」の配置が異なります。

下記に記載があるので、確認してください。

https://nodemcu.readthedocs.io/en/master/en/modules/gpio/

図示すると下記のようになります。

ピン番号	Lua	名前	機能	ピン処理
1	–	3V3	電源	3.3V
2	–	EN	イネーブル	5.1k～10kΩでプルアップ
3	D5	IO14	IOピン/HSPI_CLK	–
4	D6	IO12	IOピン/HSPI_MISO	–
5	D7	IO13	IOピン/HSPI_MOSI/UART0_CTS	–
6	D8	IO15	IOピン/MTDO/HSPICS/UART0_RTS	MODE切り替えと兼用
7	D4	IO2	IOピン/UART1_TXD	MODE切り替えと兼用
8	D3	IO0	IOピン	MODE切り替えと兼用
9	–	GND	GND	GND

ピン番号	Lua	名前	機能	ピン処理
18	–	GND		GND
17	D0*	IO16	IOピン	–
16	ADC	TOUT	ADC	10bitAD ポート
15	–	RST	リセット	1k～10k でプルアップ
14	D1	IO5	IOピン	–
13	–	GND		GND
12	D10	TXD	シリアル TXD/GPIO1	変換モジュールの RXD へ
11	D9	RXD	シリアル RXD/GPIO3	変換モジュールの TXD へ
10	D2	IO4	IOピン	–

*D0(GPIO16)は、GPIOの入出力の使用可能（割り込み、PWM/I2C/OWは使用不可）
D9/D10は、シリアル通信に使うので通常は使用を避けて下さい。
D11/D12はLuaとしては割り当てがありますが、
本モジュールでは割り当てられておりません（シールドの内側です）

Lua Pin配置（上が左側のpin、下が右側のpin）

■ 「Lua」の機能

現状のバージョンは、「NodeMCU 5.1.4.1」となります。

「ESP8266」で使用できる「Lua」スクリプトは以下のURLに一覧があります。
ビルドする際に使うモジュールにチェックすれば、使えます。

https://nodemcu.readthedocs.io/en/master/

第4章 「ESP8266」とWebサービスを連携

NodeMCUでは、「gpio」でポートの制御や、「PWM[※]」や「I²C[※※]」「SPI[※※※]」も簡単に扱えて充実しています。

> ※PWM…Pulse Width Modulation。パルスのON幅を制御する方式。
> ※※I²C…Inter-Integrated Circuit。フィリップス社が提唱したシリアル通信の方式。
> ※※※SPI…Serial Peripheral Interface。I²Cと同じくシリアル通信の方式。I²Cは2線で通信するのに対し、SPIは3線で通信を行ないます。

■「Luaスクリプト」の記述

「シリアル・コンソール」で記述できます。

ここではArduinoの「シリアル・モニタ」を使ってみます。

ボー・レート[※]は「115200」、デリミタ[※※]は「CR,LF」を設定してください。

> ※ボー・レート…baud rate。通信速度の値。単位はbps（bit per sec）。115200は115200bitを1秒間に送信する速度。
> ※※デリミタ…delimiter。区切りとなる記号や特殊文字。

「D2」に「LED」をつないだ状態の例です。

コマンドだけでコンパイルなしにLEDをON/OFFできます。

> **Memo** 起動後、あらかじめ書いた「スクリプト」を自動実行することもできます。

コマンドだけでコンパイルなしにLEDをON/OFF

＊

起動後すぐにLEDが点灯して1秒後に消える「スクリプト」を「init.lua」に記載してみました。

```
>
format done.
> file.open("init.lua","w")
> file.writeline([[pin = 2]])
> file.writeline([[gpio.write(pin,gpio.LOW)]])
> file.writeline([[tmr.delay(1000000)]])
> file.writeline([[gpio.write(pin,gpio.HIGH)]])
> file.close()
```

電源をON/OFFする「or node.restart() コマンド」で再起動すると、起動時にLEDが点灯して1秒後にOFFされます。

第4章 「ESP8266」とWebサービスを連携

■ Luaの記述に「Esplorer」を使う

「シリアル・コンソール」だと編集が面倒なので、ESP8266専用ツールの「Esplorer」を使うと便利です。

下記からダウンロードできます。

```
http://ESP8266.ru/esplorer/
```

ここではさわりだけ解説します。下記のような画面です。

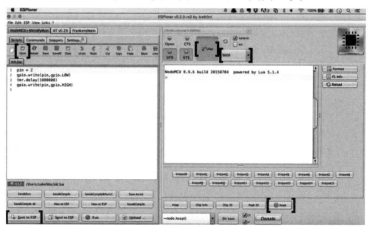

Esplorer

[1]右の「COMポート」を選ぶ→connect。

```
Communication with MCU...
Got answer! AutoDetect firmware...

NodeMCU firmware detected.
```

が出たら接続OK。

[2]左下の「save to ESP」ボタンでファイルをespにセーブ。
　※「init.lua」でsaveすると電源ON時に自動で起動。

　右下のテキストボックスに「=node.restart()」でマイコンを「ソフト・リセット」できます。

[4-5] 「IFTTT」で外界へ！

4-5 「IFTTT」で外界へ！

　ちょっと唐突ですが、「ESP8266」に連動してtweetするには、「ローカル・ネットワーク」でなく、「外部のネットワーク」に接続してWebサービスを使う必要があります。

　最近まで、専門知識が必要だったのですが、「IFTTT」（イフト）というサービスによって、"電子工作"レベルでも手軽に可能になりました。

＊

　「IFTTT」とは、「if this then that」から名付けられ、Webサービスを相互に連結することが可能です。

　そして2016年に入って、「IFTTT」に「Maker Channel」ができたことで、電子工作分野でも「**Arduino**」や「Raspberry Pi」「**ESP8266**」でも、Twitterなどの「Webサービス」と連結できるようになりました。

■ IFTTTに登録

　手順は、いろいろなところで詳しく解説しているので、ここでは簡単に列挙します。

---

[1]「IFTTT」にSign Upする。

[2]SearchからMakerを検索してSettingをクリック。

[3]URLの/use/*****の*****部をメモしておく。これがmaker keyとなる。

[4]「My Applets」から「New Applet→this→maker」を検索。

[5]「receive a web request→Event Name」を入れる(door_opened)。

[6]「that→twitter検索→post a tweet→テキストボックス」をクリックして右上の設定から、

```
・{{OccurredAt}}を追加（発生時間）,
・{{OccurredAt}} ,{{EventName}}
```

として、「Create Action→Create Recipe」。

[7]「ifttt.lua」の「key部分」を書き変える。

[8]「EventName」を変えた場合は、「door_opened」の部分を書き変える。

＊

第4章 「ESP8266」とWebサービスを連携

また、今回の作例は「ドアの開け閉めを検出してツイートする」というものなので、「不在状態」を通知してしまう可能性もあります。

ですので、あらかじめ、普段使っているアカウントではなく、本人が特定できないような、このシステムのための「Twitterアカウント」を作っておくことをお奨めします。

4-6 「ESP8266」からツイートする

「ESP8266」の「D2」(「GPIO4」、モジュールの右下のピン)を「LOW」にしたら、ツイートする作例です。

---

[1]先ほど紹介した「Esplorer」を使って、「init.lua」「ifttt.lua」「button.lua」を左の「openボタン」から開き、「save」してください。

[2]「ifttt.lua」は各自取得した「maker key」に書き換え、「init.lua」※は「wifi.sta.config("Cerevo","techblog")」に、「SSID」※※と「password」をそれぞれ書き換えてます。

> ※「init」は最後に書き込んだほうが安定します。
> ※※「SSID」は自宅のものか、他人に見せるにはスマホでテザリングするといいです。

ファイルは、サポートページにあります。

実際にTwitterと連動するか、試してみてください。

*

ドアの開閉だけではつまらないので、ここからは「温度ログ取得」と「ツイート」を組み合わせた、「ガジェット」の作例を説明します。

[4-7] 「引きこもり係数」測定装置の動作

ツイートの結果

4-7 「引きこもり係数」測定装置の動作

「引きこもり時間」を測定して、48時間以上引きこもると「ツイート」します。

　「引きこもっている」か「外出している」かを判定するために、「ドアの開閉センサ」と「人感センサ」を組み合わせて、
・人感センサ「検知中」にドアが開く→外出
・人感センサ「未検知中」にドアが開く→帰宅
と判定します。

　在宅判定のために、「室温」を30分ごとに「Google スプレッドシート」に記載します。

4-8 ソフトを「Lua」で開発する

「NodeMCU」を「ESP8266」に書き込み、「Esplorer」を使って「Lua」で開発します。

「IFTTT」(イフト)のツイートの設定を説明しましたが、同様に、「スプレッドシートに書き込むイベント」も作っておきます。

＊

「スプレッドシート」に値を書き込むには、「value1,value2,value3」を「Formatted row」に追加します。

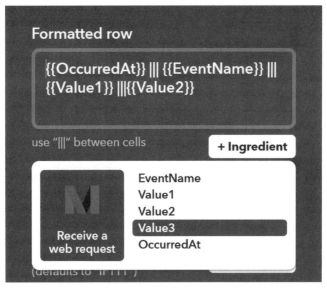

「IFTTT」と「Google スプレッドシート」の連携

ソフトの概要だけ説明するので、詳細は、サポートページのプログラムを参照してください。

リスト1　init.lua

```
print('init.lua ver 1.2')
wifi.setmode(wifi.STATION)
print('set mode=STATION (mode='..wifi.getmode()..')')
print('MAC: ',wifi.sta.getmac())
print('chip: ',node.chipid())
print('heap: ',node.heap())
-- wifi config start
wifi.sta.config("Cerevo","techblog")
```

[4-8] ソフトを「Lua」で開発する

```
-- wifi config end
wifi.sta.connect()
 tmr.alarm(1, 1000, 1, function()
  if wifi.sta.getip()== nil then
  print("IP unavaiable, Waiting...")
 else
  tmr.stop(1)
 print("ESP8266 mode is: " .. wifi.getmode())
 print("The module MAC address is: " .. wifi.ap.getmac())
 print("Config done, IP is "..wifi.sta.getip())

  dofile ("main.lua")

 end
end)
```

[プログラム解説]

設定された「アクセス・ポイント」に接続して、「IPアドレス」を取得します。

＊

「IPアドレス」が取得できたら、「main.lua」を実行します。

リスト2　main.lua

```
hall_ic_Pin = 2
timer_count = 0
thirty_minutes = 1800
timer_forty_eight_hours = 0
forty_eight_hours = 48*2
gpio.mode(hall_ic_Pin,gpio.INT,gpio.PULLUP)

function debounce (func)
    local last = 0
    local delay = 200000

    return function (...)
        local now = tmr.now()
        if now - last < delay then return end

        last = now
        return func(...)
    end
end

function onChange()
    if gpio.read(hall_ic_Pin) == 1 then

        if(gpio.read(5) == 1) then
                timer_forty_eight_hours = 0
```

第**4**章 「ESP8266」とWebサービスを連携

```lua
        end

        print("That was easy! ")
        dofile("ifttt.lua")
    end
end

gpio.trig(hall_ic_Pin,"up", debounce(onChange))
gpio.mode(1,gpio.INPUT,gpio.PULLUP)

tmr.alarm(2, 1000, 1, function()

    timer_count = timer_count + 1

    print(timer_count)

    if( timer_count >= thirty_minutes) then
        timer_count = 0
        dofile("timer30min.lua")

        timer_forty_eight_hours  = timer_forty_eight_hours  + 1

        if(timer_forty_eight_hours >= forty_eight_hours) then
            dofile("timer48hour.lua")
            timer_forty_eight_hours = 0
        end

    end

end)
```

[プログラム解説]

「リード・スイッチの変化」(立ち上がりエッジ)でコールバックされる関数を設定します(gpio.trig)。

＊

1秒ごとにコールバックされる関数を設定しておいて、30分ごとに「timer30min.lua」を実行し、「リード・スイッチ」の変化が48時間以上ない場合は、「timer48hour.lua」を実行します。

リスト3 ifttt.lua

```lua
--ifttt.lua
motion_sensor = 5
gpio.mode(motion_sensor,gpio.INPUT)
    --in_out_log  change own event
```

48

[4-8] ソフトを「Lua」で開発する

```lua
      --cgEUrKuMnLOMhNWefBYB2R1Ru415komCuxchVLVdqVO change own
 maker key
ifttturl = "GET /trigger/in_out_log/with/key/cgEUrKuMnLOMhNWe
fBYB2R1Ru415komCuxchVLVdqVO"
conn = nil
net.dns.setdnsserver("8.8.8.8", 1)
conn=net.createConnection(net.TCP, 0)

conn:on("receive", function(conn, payload)
     print(payload)
     end)

conn:on("connection", function(conn, payload)
     print('¥nConnected')

       --add value1
      local temp1 = adc.read(0)

      tmr.delay(1000)

      local temp2 = (adc.read(0) + temp1)/2

       local temp3

       if gpio.read(motion_sensor)==0 then
          temp3 = "OUT"
        else
          temp3 = "IN"
       end


       iftttur1 = iftttur1.."?".."value1=".."temp3.."&".."value2=
"..temp2
     print(iftttur1)
     conn:send(iftttur1
       .." HTTP/1.1¥r¥n"
       .."Host: maker.ifttt.com¥r¥n"
       .."Accept: */*¥r¥n"
       .."User-Agent: Mozilla/4.0 (compatible; esp8266 Lua; Win
dows NT 5.1)¥r¥n"
       .."¥r¥n")
     end)

conn:on("disconnection", function(conn, payload)
     print('¥nDisconnected')
     end)

print('Posting to ifttt.com')
conn:connect(80,'maker.ifttt.com')
```

第4章 「ESP8266」とWebサービスを連携

リスト4　timer30min.lua

```lua
--timer30min.lua
    --in_out_log  change own event
    --cgEUrKuMnLOMhNWefBYB2RlRu415komCuxchVLVdqVO change own
 maker key
ifttturl = "GET /trigger/in_out_log/with/key/cgEUrKuMnLOMhNWe
fBYB2RlRu415komCuxchVLVdqVO"
conn = nil
net.dns.setdnsserver("8.8.8.8", 1)
conn=net.createConnection(net.TCP, 0)

conn:on("receive", function(conn, payload)
    print(payload)
    end)

conn:on("connection", function(conn, payload)
    print('¥nConnected')

    --add value1
    local temp1 = adc.read(0)

    tmr.delay(1000)

    local temp2 = (adc.read(0) + temp1)/2

      ifttturl = ifttturl.."?".."value1=".."--".."&".."value2="
..temp2
    print(ifttturl)
    conn:send(ifttturl
    .." HTTP/1.1¥r¥n"
    .."Host: maker.ifttt.com¥r¥n"
    .."Accept: */*¥r¥n"
    .."User-Agent: Mozilla/4.0 (compatible; esp8266 Lua; Win
dows NT 5.1)¥r¥n"
    .."¥r¥n")
    end)

conn:on("disconnection", function(conn, payload)
    print('¥nDisconnected')
    end)

print('Posting to ifttt.com')
conn:connect(80,'maker.ifttt.com')
```

[プログラム解説]

「スプレッド・シート」に、「時刻」と「リードスイッチの状態」「ADコンバー
タの値」を書き込みます。

［4-8］　ソフトを「Lua」で開発する

「ifttt.lua」では、人感センサの値が「H」ならば「value1 = OUT」を書き込み、「L」ならば「value1 = IN」を書き込みます。

＊

「timer30min.lua」では、「value1 = --」としておきます。

リスト5　timer48hour.lua

```
--timer48hour.lua
conn = nil
conn=net.createConnection(net.TCP, 0)

conn:on("receive", function(conn, payload)
    print(payload)
    end)

conn:on("connection", function(conn, payload)
    print('¥nConnected')
    --keep_inside  change own event
    --cgEUrKuMnLOMhNWefBYB2RlRu415komCuxchVLVdqVO change own
 maker key
    conn:send("GET /trigger/keep_inside/with/key/cgEUrKuMnLO
MhNWefBYB2RlRu415komCuxchVLVdqVO"
    .." HTTP/1.1¥r¥n"
    .."Host: maker.ifttt.com¥r¥n"
    .."Accept: */*¥r¥n"
    .."User-Agent: Mozilla/4.0 (compatible; esp8266 Lua; Win
dows NT 5.1)¥r¥n"
    .."¥r¥n")
    end)

conn:on("disconnection", function(conn, payload)
    print('¥nDisconnected')
    end)

print('Posting to ifttt.com')
conn:connect(80,'maker.ifttt.com')
```

[プログラム解説]

「IFTTT」で設定したツイッターアカウントに、指定の文字を書き込みます。

51

第4章 「ESP8266」とWebサービスを連携

4-9 結　果

　作った「引きこもり係数」測定装置を実際に設置して、データを取ってみました。

「引きこもり係数」測定装置を設置

　「温度ログ」の「結果」と「在宅/帰宅判定」の「結果」を重ねたグラフです。

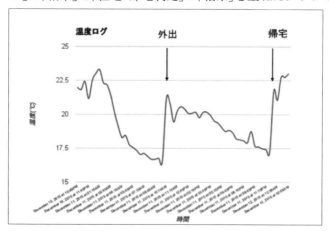

　「外出」して測定温度が下がり、「帰宅」すると測定温度が上がる様子がよく分かります。
　4日ほど設置してデータを取りましたが、48時間以上連続して室内にいることがなかったので、ツイートは動作しませんでした。

　外から室温が分かるので、エアコンの消し忘れぐらいには役立ちそうです。
　※実際に遠隔でエアコンをOFFすることはできませんが…。

第3部

技適済みWi-Fiモジュール「ESP266」で「ミニ四駆」を操作

ここでは、Wi-Fiモジュール「ESP8266」を内蔵した「改造ミニ四駆製作キット」の「MKZ4」を使った、スマートフォンで操作できるミニ四駆などの改造工作方法を解説しています。

第5章 改造「ミニ四駆」製作キット「MKZ4」を使う
第6章 電子部品のハンダ付け
第7章 ソフトの書き込み
第8章 「ステアリング機構」組み立て
第9章 「MKZ4」の動作確認
第10章 「MKZ4」応用編

第5章 改造「ミニ四駆」製作キット「MKZ4」を使う

©TAMIYA

「ミニ四駆」は、(株)タミヤの自動車模型です。
モータを搭載した四輪駆動で、「単3型乾電池」を動力源として走行します。

「MKZ4」の改造で用いるのは、「ワイルドミニ四駆」というミニ四駆のシリーズです。
RCやアメリカの実車レースで人気のビッグフットマシンを、手のひらサイズで楽しめるシリーズです。

5-1 「MKZ4」について

■「IoT」とは

「IoT」とは、「Internet of Things」の略で、「コンピュータ」や「スマートフォン」といった情報通信機器に限らず、世の中に存在するさまざまな「モノ」が通信機能をもち、インターネットや他の機器と通信することが可能になる、という、「製品」や「仕組み」「サービス」など一連のものを総称する用語です。

Designed by Vecteezy

言葉の由来には「インターネット」が含まれているものの、昨今はこの定義が曖昧で、必ずしもインターネットに接続しなくても、スマートフォンやパソコンと連携できるだけでも「IoT」と呼ばれるようになりました。

＊

ここで解説する「MKZ4」は、電池のオンオフで直進だけしていた「ミニ四駆」を改造し、スマートフォンと連携できる通信機能を搭載することで、ミニ四駆を「IoT化」しています。

スマートフォンのタッチ操作だけで前後はもちろん、左右にも自由に走ることができる、「IoTミニ四駆」です。

■ 「MZ4」の入手方法

以下のサイトから購入できます。

http://cerevo.shop-pro.jp/?pid=104131889
http://akizukidenshi.com/catalog/g/gK-10825/

■ FAQ・困ったときは

「MKZ4」Webサイトで、FAQを公開しています。参考にしてください。

MKZ4 Webサイト
https://maker.cerevo.com/ja/faq/mkz4/

5-2 「MKZ4」で行なう改造の行程

「MKZ4」で「ワイルドミニ四駆」を操作するための改造は、以下の内容で行ないます。

①メカ
・前タイヤの方向転換用ステアリング機構の組み立て。
・ステアリングをミニ四駆本体に取り付けるための筐体改造。

②電気回路
・MKZ4制御用専用基板の組み立て。
・各電子部品のハンダ付け。

第5章　改造「ミニ四駆」製作キット「MKZ4」を使う

③ソフト

・「Arduino IDE」を用いた組み込みプログラミング

■ プログラミング(スケッチ)内容

・ステアリング左右制御用サーボ・モータ制御。
・前進後進用モータ・ドライバ制御。
・簡易Webサーバ構築。
・スマートフフォンとの通信でミニ四駆の動きを制御。
・「Arduino IDE」を使って、基板にスケッチを書き込み。

　スケッチは、サンプルをそのまま書き込む場合は自分で記述する必要はありません。

＊

　「ワイルドミニ四駆」はもちろん、「ミニ四駆」は、通常前に進むだけの仕組みですが、「MKZ4」では、ステアリングを追加して前輪を左右に曲がれる仕組みに改造します。これが①「メカ」の部分です。

　さらにスマートフォンから操作するために、無線LAN経由でアクセスできる基板をワイルドミニ四駆に内蔵し、前輪やモータをコントロールできるようにします。これが②「電気回路」の部分です。

　最後の③「ソフト」は、実際にスマートフォンやタブレットからコントロールするためのプログラムを作るための工程です。

＊

　この3つの工程を進めることで、電子工作に必要な作業を一通り学ぶことができ、自分だけの電子工作やオリジナル製品を作る、といった応用も可能になります。

　組み立ての作業時間は人によって異なりますが、電子工作に慣れている人であれば3時間程度。電子工作初心者は丸1日くらいを目安としてください。

5-3 「MKZ4」シリーズの概要

■ ワイルドミニ四駆改造キット「MKZ4」

「MKZ4」には、以下の部品が入っています。
組み立て前にあらかじめ確認しましょう。

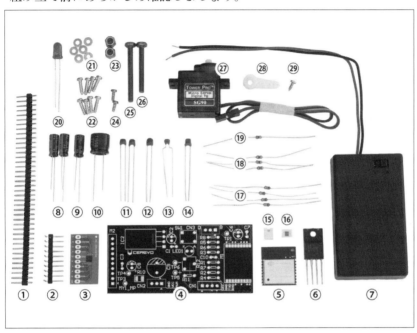

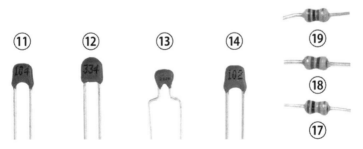

MKZ4基板・電子パーツ

第**5**章　改造「ミニ四駆」製作キット「MKZ4」を使う

● 基板

④MKZ4基板	

● 半導体

[M1]	⑤Wi-Fiモジュール（ESP-WROOM-02(ESP8266EX)）
[IC2]	⑥低損失レギュレータ 3.3V 1.5A（NJM2396F33）
[LED1]	⑳赤LED 5mm砲弾型（OSDR5113A）
[M3]	③モータ・ドライバモジュールDRV8830（AE-DRV8830）

● 抵抗

[R10]	⑯0.2Ω 3225 1/2W チップ抵抗（MCR25JZHFLR200）
[R1, R5, R6, R7]	⑰10kΩ 1/6W 炭素皮膜抵抗:茶黒橙金（RD16S 10K）×4
[R2,R3,R4]	⑱4.7kΩ 1/6W 炭素皮膜抵抗:黄紫赤金（RD16S 4K7）×3
[R8]	⑲100Ω 1/6W 炭素皮膜抵抗:茶黒茶金（CF16J100RB）

● コンデンサ

[C6,C8]	⑧電解コンデンサ 47μF 35V（35PK47MEFC5X11） ×2
[C2]	⑨電解コンデンサ 100μF 25V（25PK100MEFC5X11）
[C9]	⑩電解コンデンサ 1000μF 10V（10WXA1000MEFC10X9）
[C3,C10]	⑪「セラミック・コンデンサ」0.1uF 50V 表記:104 （RPEF11H104Z2P1A01B） ×2
[C1]	⑫「セラミック・コンデンサ」0.33uF 50V 表記:334 （RDER71H334K1K1H03B）
[C7]	⑬「セラミック・コンデンサ」2200pF 50V 表記:222 （RDER71H222K0K1H03B）
[CM]	⑭「セラミック・コンデンサ」1000pF 50V 表記:102 （RD15N102J1HL2L）

[5-3] 「MKZ4」シリーズの概要

● ネジ類

㉑ M2丸ワッシャー ×6
㉒ タップビス M2x8mm ×8
㉓ M3ナイロンナット ×2
㉔ タップビス M2x5mm ×2
㉕ 六角ボルト M3x30mm
㉖ 六角ボルト M3x25mm

● その他

[S1]	⑮ジャンパ・ピン白 2.54mmピッチ(MJ-254-6W)
[CN1, CN2, M2]	①「ピン・ヘッダ」1×40 (PH-1x40SG) 4p+3p+10p=17pぶんカットして使用
[CN3]	②L型10P
	⑦電池ボックス 単4電池×3本用(SBH-431-1AS150) ジャンパ線を60mmカットして赤黒1本づつ利用
[MG1]	㉗マイクロサーボ 9g SG-90 (SG-90)㉘、㉙が同梱

● プラパーツ

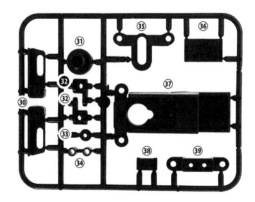

㉚「ボディ・スペーサー」左・右
㉛ M3ナット用プラスチックパナ

第5章 改造「ミニ四駆」製作キット「MKZ4」を使う

㉜㉜アップライトパーツ

㉝スロット・シャフト

㉞ホイール・スペーサー

㉟プッシュ・プレート

㊱基板スペーサー(大)

㊲ベースパーツ

㊳基板スペーサー(小)

㊴アンダーアーム

● 付属品

・ガイドシール ×1

・両面テープ ×5

・紙マニュアル ×1

● 別途購入品

「MKZ4」を使った「ワイルドミニ四駆」の改造には、「MKZ4」の他に、以下が必要です。

・ワイルドミニ四駆本体

・ライターキット「MKZ4WK」(またはUSBシリアル変換基板)

・必要工具

・アルカリ単4電池3本

[5-3] 「MKZ4」シリーズの概要

■ ライターキット「MKZ4WK」

ライターキット「MKZ4WK」は、電子工作で一般的に使われているUSBシリアル変換基板を作成できるキットです。

まだもっていない方は、「MKZ4」とセットでの購入をお勧めします。

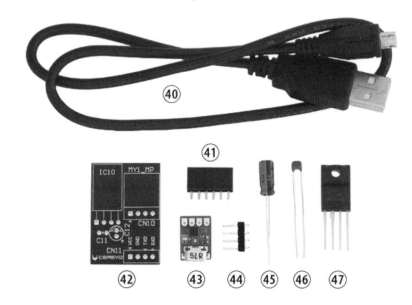

● 基板

・㊷ MKZ4WK 基板

● 半導体

[M4]	㊸超小型USBシリアル変換モジュール(AE-FT234X)
[IC10]	㊼低損失レギュレータ 3.3V1.5A (NJM2396F33)

● コンデンサ

[C11]	㊻「セラミック・コンデンサ」0.33uF 50V 表記:334(RDER71H334K1K1H03B)
[C12]	㊺電解コンデンサ 100 μ F 25V (25PK100MEFC5X11)

第5章 改造「ミニ四駆」製作キット「MKZ4」を使う

● その他

[CN10]	㊹M4に同梱の「ピン・ヘッダ」4P
[CN11]	㊶L型ピンソケット 1×6（FH-1x6RG） ㊵マイクロ USB ケーブル（USB CABLE A-MICROB(2A L0.5m)）

※部品は改良のため同等品となることがある。
※コンデンサの耐圧は更に高い場合がある。

5-4 組み立てに必要な道具

「MKZ4」と「MKZ4WK」の組み立てには、最低限以下のアイテムが必要です。

■ ツールリスト

● ハンダ付けに必要な道具

・ハンダごて
・ハンダ

● 直径3mmの穴を開ける道具

以下のうちいずれか1つ。

・ピンバイス
・電気ドリル
・ハンドドリル

● ドライバー（プラスドライバー、1番）
● ニッパー
● ピンセット

[5-4] 組み立てに必要な道具

■ ツールセット例

A. マスキングテープ ×1
B. ハンダ置き台 ×1
C. ハンダごて ×1
D. テスター ×1
E. 「ハンダ吸い取り器」 ×1
F. 糸ハンダ ×1
G. ニッパー ×1
H. ピンバイス&ドリル刃 3mm φ ×1
I. ピンセット ×1
J. ドライバ(プラス1番)×1

第6章 電子部品のハンダ付け

ハンダ付けにはいろいろな手法がありますが、本書ではハンダごてを使った「手ハンダ」について説明します。

6-1 ハンダ付けの準備

■ ハンダ付けとは

「基板」と「部品」を接合するには、「ハンダ」(半田)と呼ばれる合金を溶かして、部品と基板の金属部部分を溶接する必要があります。

ここでは、「糸ハンダ」という柔らかく融点(溶ける温度)の低い合金と、「ハンダごて」という高温になるペン型の工具を使います。

*

ハンダ付けの一般的な手順は、①基板の定位置に部品を置き、②ハンダごてを基板のパッドに当てて温めてから、③糸ハンダを当てて溶かし、④そのままハンダを流し込みます。

⑤ハンダごてを離すとハンダが冷えて固まり、部品と基板がハンダによって接合されます。

ハンダは電気を通す素材のため、回路図の通り部品と基板のラインが電気的につながり合い、回路として機能できるようになるのです。

■ 道具の準備

ハンダ付け作業に入る前に、使う道具を準備しましょう。

[6-1] ハンダ付けの準備

　ハンダ付けに慣れていない人は、「スルーホール」(貫通穴)でない表面実装部品 (**MKZ4**だとチップ抵抗や**ESP8266**)には、ハンダがパッドに付きやすくなるフラックスをあらかじめパッドに塗ることをお勧めします。

　また鉛入りハンダは、ハンダ付けがしやすい反面、一般的に企業で使われている鉛フリーハンダよりも、より健康へ影響が懸念されます。

　どのハンダを使う場合も少量の使用であれば問題はありませんが、換気をよくしてご利用ください。

● 必要な道具

・ハンダコテ
・ハンダコテ台
・糸ハンダ
・「ハンダ吸い取り器」
・ピンセット
・ニッパー
・マスキングテープ
・テスター

● 可能であればあるといい道具

・フラックス
・吸煙器

　「**MKZ4**」で必要な部品が揃っているか、先ほどの表を参考にして確認しましょう。

65

第6章　電子部品のハンダ付け

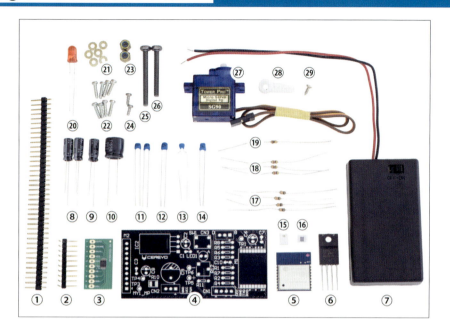

　このキットでは、説明通り指定された、色（カラーコード）の抵抗と、数字のコンデンサを同じものを選んでハンダ付けしていけば、組み立てられます。

＊

　部品に書いてある数字は、ルールに従って書かれており、そのルールを知ることで、部品を見ただけで定数（抵抗やコンデンサの値）が分かります。

■「抵抗」パーツの「カラーコード」

　「抵抗」の「色」は、「0－9」まで、次の表のように任意の色が決められています。

＊

　また、カラーコードの並びによって、「抵抗値」の「定数」の「桁」と「精度」を示しています。
　抵抗の「色」は数字のように「桁」で読みます。
　たとえば「茶 黒 橙 金」と並んでいる場合、1桁目が「茶」、2桁目が「黒」というように読みます。

[6-1] ハンダ付けの準備

例:10kΩ,精度±5%、「茶」「黒」「橙」「金」

　色が4つある場合、「3桁目」で「定数」、「4桁目」で「精度」を表わします。
　3桁目は「10n」(10のn乗)のnに入るべき乗を表わします。
　3桁が「3」なら「103」(10の3乗)で「1000」に、「2」なら102」(10の2乗)で「100」になります。

*

　上図の場合、1桁が「茶(1)」、2桁が「黒(0)」、べき乗を表わす3桁が「橙(3)」なので、計算式は以下のようになります。
　「4桁目」の精度は、「銀」の場合が「±10%」、「金」の場合が「±5%」を示します。

$$10 \times 10^3 = 10\text{k}\Omega \, (10000\,\Omega)$$

数　字	カラーコード
0	黒
1	茶
2	赤
3	橙
4	黄
5	緑
6	青
7	紫
8	灰
9	白

■「コンデンサ」の数字表記

　数字は3桁で、抵抗と比べて精度が省かれてはいますが、抵抗と同様に3桁で定数を表わします。

例:「セラミック・コンデンサ」1000pF 50V(表記:102)

67

第6章 電子部品のハンダ付け

3桁目が10^2（10の2乗）で「100」になります。1－2桁目の10と合わせて以下のようになります。

$$102 \rightarrow 10 \times 10^2 = 1000pF$$

■「MKZ4」の回路図

「MKZ4基板」の回路図です。

多少知識のある方は、こちらも参考に見ながら作ると回路構成が分かりやすいと思います。

*

基板はこの回路図の結線を元にパターン化（基板化）して各部品も配置してあります。

たとえば、回路上の電源の3V3やGNDのラインは基板上も全部同じラインで接続されています。

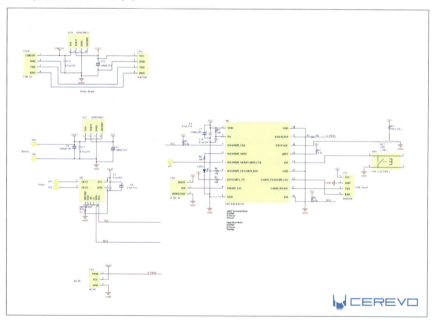

すぐに分からなくても大丈夫です。まずは、作ってみてもっと深く知りたくなったら徐々に知識を深めていきましょう。

6-2　ハンダづけ作業の流れ

ハンダごてはあらかじめスイッチを入れておき、温度を上げておきます。

スイッチを入れてすぐは、こて先の温度が低く、糸ハンダが溶けません。

＊

ハンダ付け作業の手順は以下の通りです。

[1] ハンダごてを利き手で持ち、リード線の根元に、パッドと一緒にハンダごての先をあてて加熱します。
こて先は基板と垂直ではなく、多少寝せて先端の"点"でなく、こて先の傾き形状の"線"であてるようにします。

[2] 利き手と逆の手で糸ハンダを持ち、リード線の根元に糸ハンダをあててハンダを溶かします。

[3] 糸ハンダが溶けて充分な量が流れたら糸ハンダを離します。この間、ハンダごてはあてたまま動かしません。

[4] 熱が充分に伝わり、ハンダの断面が山なりの形状になったら、ハンダごての先端を離します。図の斜線部分が溶けた糸ハンダです。
こて先を離すときは真上方向でなく、リード線(抵抗やコンデンサの足)に沿った経路で離すようにします。

[5] こて先は常に綺麗にして、ハンダのくずが残らないようにしましょう。ハンダごて台のスポンジ(ハンダクリーナ)には水を入れ、使用中はこて先を拭いてきれいにしましょう。

第6章 電子部品のハンダ付け

[6]ハンダごてを使わないときは、こて先にたっぷりハンダをつけてから、ハンダを拭かずにそのままの状態で電源をOFFにしましょう。ハンダでコーティングすることで、こて先の酸化を防ぐことができます。

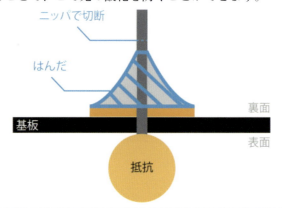

6-3　MKZ4基板のハンダ付け

ここでは「MKZ4」の基板にハンダ付けをしていく手順を解説します。

MKZ4基板 完成写真

■ 印字の確認

はじめに、MKZ4基板に印字されている「白い番号」(シルク)を確認します。
それぞれの番号には、対応する部品があります。部品表を確認し、以下の手順を繰り返していきます。

①番号の確認
②部品を探す

③部品を基板に差し込み
④ハンダ付け

■ 抵抗パーツのハンダ付け

まずはじめに、「R8」列の抵抗パーツからハンダ付けしていきましょう。

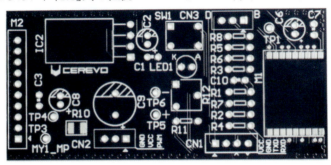

● 抵抗パーツのハンダ付けの仕方

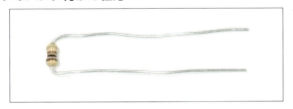

[1]「抵抗」を手に持ち、横から生えている「リード線」を写真のように折り曲げます。

[2] 基板の表面から該当する穴に差し込みます。抵抗を差し込む左右の向きはどちらでもかまいません。

[3] 基板とぶつかるまで押し込みます。裏面はハの字に開いて軽く固定します。こうしておくと基板を裏返しても部品が落ちません。

[4] 裏面からパッドとリード線を同時にハンダコテで温めてハンダ付けします。2箇所とも行ないます。

第6章 電子部品のハンダ付け

[5] 裏面のリード線が余るので、ニッパーで削除します。あまり根元から切りすぎるとハンダが剥がれる恐れがあるので、1〜2mm残して切るようにします。

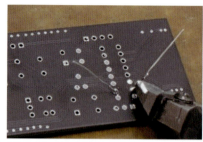

● [R8] ⑲抵抗100Ω（カラーコード：茶黒茶金）

上記の方法を参考に、ハンダ付けを行なってください。ハンダ付けが終わると下図の状態になります。

⑲

[6-3] MKZ4基板のハンダ付け

● [R5,R6,R1,R7] ⑰抵抗10kΩ(カラーコード:茶黒橙金)

「R5,R6,R1,R7」も同様に、ハンダ付けを行なってください。ハンダ付けが完了すると、次の図のようになります。

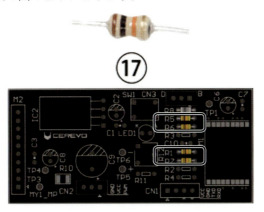

● [R3,R2,R4] ⑱抵抗4.7kΩ(カラーコード:黄紫赤金)

「R3,R2,R4」も同様に、ハンダ付けを行なってください。ハンダ付けが完了すると図のようになります。

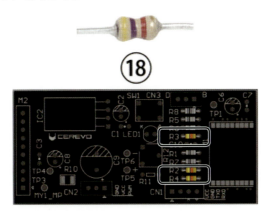

■ 「セラミック・コンデンサ」のハンダ付け

抵抗が終わったら、青色の「セラミック・コンデンサ」のハンダ付けを行ないます。

「セラミック・コンデンサ」は見分けがつきづらいので間違いやすいですが、

73

第6章　電子部品のハンダ付け

よく見ると本体に数字が書いてあります。

　この部品もどちらの向きで差し込んでも問題ありません。部品表をよくみて、番号に対応するパーツを書かれた番号を目印に探してみてください。

　「セラミック・コンデンサ」は基板の表面からリード線を通し、裏面からハンダ付けします。左右の向きはどちらでも大丈夫です。

● [C3,C10] ⑪「セラミック・コンデンサ」0.1uF(表示:104)
　上記の方法を参考に、ハンダ付けを行なってください。ハンダ付けが終わると下図の状態になります。

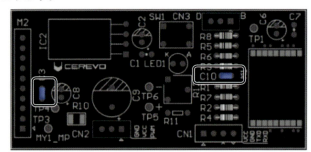

● [C1] ⑫「セラミック・コンデンサ」0.33uF(表示:334)
　上記の方法を参考に、ハンダ付けを行なってください。ハンダ付けが終わると下図の状態になります。

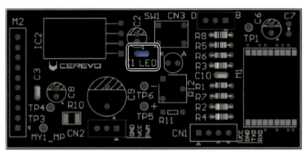

※C7は他のパーツと重なるため、後からハンダ付けします。

[6-3] MKZ4 基板のハンダ付け

■「ピン・ヘッダ」のハンダ付け

　次に、「ピン・ヘッダ」のハンダ付けを行ないます。
　「ピン・ヘッダ」は、必要なぶんに合わせてニッパーでカットしていく必要があります。

[1] まず①の「40ピン」ストレート「ピン・ヘッダ」を用意します。

[2] この①「40ピン」を下図の通り「4ピン」「3ピン」「10ピン」に分割します。

> ※分割した残りは「MKZ4」では使いません。作業に失敗したときなどの予備として活用してください。

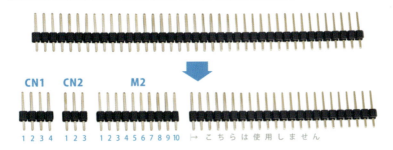

[3] 下図を参考にして、「ピン・ヘッダ」の短いほうが下になった状態で基板に取り付けます。

　「ピン・ヘッダ」はこれまでハンダ付け作業をしてきた抵抗やコンデンサと比べると基板から抜けやすいため、「マスキング・テープ」を併用すると便利です。

[4] 基板を裏返し、「ピン・ヘッダ」をハンダ付けします。

75

第6章　電子部品のハンダ付け

● [CN1,CN2,M2] ①「ピン・ヘッダ」

上記の方法を参考に、ハンダ付けを行なってください。
ハンダ付けが終わると、下図の状態になります。

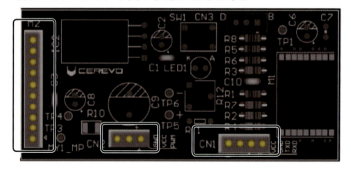

■「L型ピン・ヘッダ」のハンダ付け

②「L型ピン・ヘッダ」をハンダ付けします。

[1] まず、②「L型ピン・ヘッダ」をニッパを使って、3ピンぶん切り離します。

※分割した残りは「MKZ4」では使いません。作業に失敗したときなどの予備として活用してください。

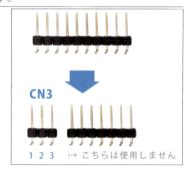

[2] 切り取ったピンは、横から見ると「L型」になっています。

まっすぐにのびたピンが基板の外側を向くようにL字になっているほうを基板の表面から差し込み、基板の裏面からハンダ付けします。

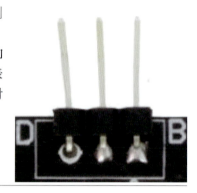

[6-3] MKZ4 基板のハンダ付け

● [CN3] ②「L型ピン・ヘッダ」

上記の方法を参考に、ハンダ付けをしてください。
ハンダ付けが終わると、下図の状態になります。

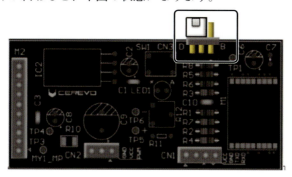

ハンダ付け後に、⑮「ジャンパ・ピン」を「CN3」の②「L字ピン・ヘッダ」の基板に記された「D」側と中央に差し込みます。

⑮「ジャンパ・ピン」は2本のヘッダ端子をショートさせるものです。

モードによって、「「D」側」から「B側」に差し替えて、「High」か「Low」かを切り替えます。これは「ESP8266」にプログラム書き込みモードか、書き込んだプログラムを起動するモードをHigh/Lowで判断させるためです。

■ 「レギュレータ」をハンダ付け

● [IC2] ⑥低損失三端子レギュレータ 3.3V 1.5A

⑥「低損失三端子レギュレータ 3.3V 1.5A」の足をL型に曲げます。

ラジオペンチか、ラジオペンチがなければピンセットの根元側を使って挟んでから、90度に曲げましょう。

77

第6章　電子部品のハンダ付け

基板の表面からIC2を挿入し、裏面からハンダ付けを行ないます。

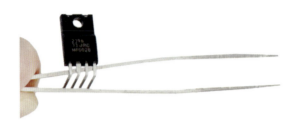

■「LED」「電解コンデンサ」をハンダ付け

「LED」と「電解コンデンサ」には極性(向き)があります。

シルク(印字)をよく見て、ハンダ付けする向きを間違えないようにしてください。

＊

LEDは足が長いほうが「アノード」(A)です。電解コンデンサは足が長いほうが「プラス」です。

基板に印があるので向きを間違えないように表面から差し込み、裏面からハンダ付けします。

● [LED1] ⑳LED

LEDの印字を確認し、足が短いほうを「K」に、足が長いほうを「A」に差し込んでハンダ付けします。ハンダ付けすると図のようになります。

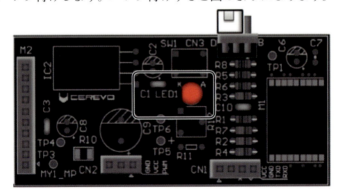

[6-3] MKZ4 基板のハンダ付け

● [C8] ⑧電解コンデンサ 47μF 35V

　基板上で印字が斜め線になっているほうに足の短いマイナスを差し込んでハンダ付けします。

※同様のパーツを使うC6は他のパーツと重なる位置にあるため、後からハンダ付けします。

● [C2] ⑨電解コンデンサ 100μF 25V

　基板上で印字が斜め線になっているほうに足の短いマイナスを差し込んでハンダ付けします。

● [C9] ⑩電解コンデンサ 1000μF 10V

　基板上で印字が斜め線になっている方に足の短いマイナスを差し込んでハンダ付けします。

　「C8」「C2」「C9」の電解コンデンサのハンダ付けが終わると下図の状態になります。

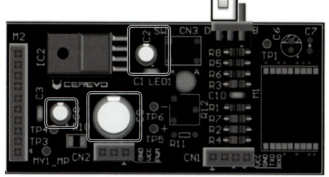

79

第6章　電子部品のハンダ付け

■「チップ抵抗」をハンダ付け

⑯

「チップ抵抗」は、ほかのパーツに比べとても小さく、ハンダ付けの難易度が高いものになります。

「MKZ4」では、「3.2 × 2.5mm」サイズの「チップ抵抗」を使います。

白いカバーに透明のフィルムがされているのでピンセットを使い、フィルムをはがしてチップ抵抗を取り出します。

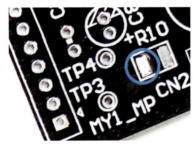

＊

「チップ抵抗」のハンダ付けは他のパーツとハンダ付けの方法が大きく異なります。

[1] まず、基板上のチップ抵抗をハンダ付けする場所の片方に、少量のハンダを盛ります。

これを「予備ハンダ」と呼びます。先にハンダを乗せておくことで、小さいパーツを付けやすくします。

[2] 次に、利き手とは逆の手を使い、ピンセットで「チップ抵抗」をもちます。

[3] 「チップ抵抗」を基板に載せて、いまハンダを盛った箇所にハンダごてを当て、ハンダが基板上で溶け、「チップ抵抗」が沈んで基板と接触するまで待ってから、ハンダごてを離します。

離すとハンダが固まってチップが動かなくなってしまうので、溶けている状態で、基板の印字に沿って平行になるようにチップ抵抗の位置を調整しましょう。

 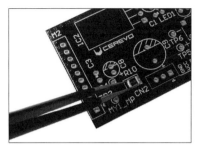

[4] チップ抵抗が固定されたら、ハンダがついていないもう片方をハンダ付けします。

さらに、最初に予備ハンダを置いたほうにもハンダの量が足りなければ追加します。これで「チップ抵抗」のハンダ付けは完了です。

● [R10] ⑯チップ抵抗0.2Ω 3225 1/2W

上記の方法を参考に、ハンダ付けを行なってください。
ハンダ付けが終わると下図の状態になります。

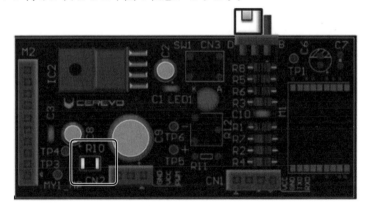

第6章 電子部品のハンダ付け

■「Wi-Fiモジュール」をハンダ付け

次に、「Wi-Fiモジュール」をハンダ付けしていきます。
「Wi-Fiモジュール」は、片側9箇所、両側で18箇所のハンダ付けをします。ハンダ付けするパッドの間隔が短いため、この基板ではもっとも高い難易度です。

*

Wi-Fiモジュールを基板の上に載せて、「位置決め」を行ないます。
両側のパッドの上にWi-Fiモジュールのピンが合うように調整します。

位置が決まったら、ハンダ付けの間ズレないようにマスキングテープなどで「基版とWi-Fiモジュール」、「基板と机」を固定してください。

● [M1] ⑤Wi-Fiモジュール

[1] まず表を参考に、10番をハンダ付けしてください。

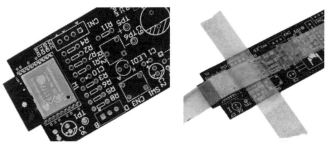

ピン番号	名前	機能	ピン番号	名前	機能
1	3V3	電源	18	GND	GND
2	EN	イネーブル	17	IO16	IOピン
3	IO14	IOピン/HSPI_CLK	16	TOUT	ADC
4	IO12	IOピン/HSPI_MISO	15	RST	リセット
5	IO13	IOピン/HSPI_MOSI/UART0_CTS	14	IO5	IOピン
6	IO15	IOピン/MTDO/HSPICS/UART0_RTS	13	GND	GND
7	IO2	IOピン/UART1_TXD	12	TXD	シリアルTXD/GPIO1
8	IO0	IOピン	11	RXD	シリアルRXD/GPIO3
9	GND	GND	10	IO4	IOピン

[2] その後、M1を固定するために「2番」「8番」「17番」の3つを先にハンダ付けしてください。

「1番」「9番」「18番」は、熱が伝わりにくくハンダ付けの難易度が高いためです。この状態で、Wi-Fiモジュールが基板に固定されたため、それ以降の

[6-3] MKZ4基板のハンダ付け

作業が楽になります。

「1番」「9番」「13番」「18番」は、ピン番号の表で色がついた部分の「電源」「GND (グランド)」と呼ばれるピンです。このピンは基板の内側で広い面積の金属が接しており、熱が伝わりにくいため、後回しにしてください。

*

「GND」とは、この回路の電位の基準となる重要な部分です。

たとえば、電源が「3.3V」という表記の場合は、GNDを基準として3.3V、という意味になります。長さで例えるなら、部屋の中で「1m」を計る場合、計る基準となる「0m」の部分がGND、というイメージで考えてみてください。

電源の基準という重要な要素のため、多少のノイズでは不安定にならないよう、基板上は大きな面積を占めています。

[3]他のピンをハンダ付けした後で、「1番」「9番」「13番」「18番」を、充分にハンダごてで温めながら作業してください。

ハンダ付けの様子は、動画も参考にしてください。

動画はサポートページに掲載しています。

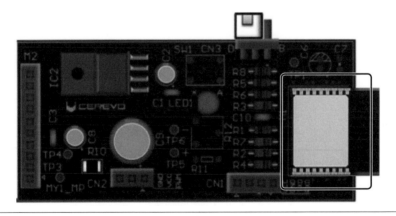

*

また、Wi-Fiモジュールのハンダ付けが完了したら、残っている⑬「セラミック・コンデンサ」と⑧電解コンデンサのハンダ付けを行ないます。

第6章　電子部品のハンダ付け

● [C7] ⑬「セラミック・コンデンサ」2200pF 50V(表記：222)

　上記の「セラミック・コンデンサ」のハンダ付け方法を参考に、ハンダ付けを行なってください。

● [C6] ⑧電解コンデンサ 47μF 35V

　基板上で印字が斜め線になっているほうに足の短いマイナスを差し込んでハンダ付けします。

　「C7」「C6」のハンダ付けが終わると下図の状態になります。

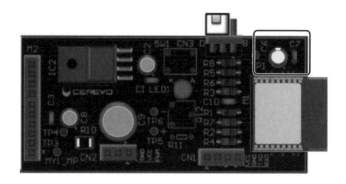

■ モータ・ドライバモジュールのハンダ付け

● [M2上部] ③モータ・ドライバモジュール「DRV8830」

　「レギュレータをハンダ付け」で「M2」にハンダ付けを行なった①ピンの上に、次の写真のように③「モータ・ドライバモジュール」を差し込み、差し込んだ上部から差し込み口にハンダ付けを行ないます。

[6-3] MKZ4基板のハンダ付け

ハンダ付けが終わると下図の状態になります。

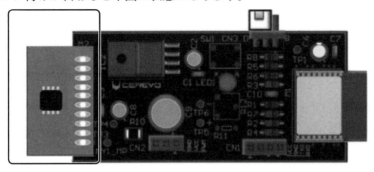

これで基板への部品ハンダ付けは完成です。続いてモータや電源のハンダ付け作業に入ります。

■ ワイルドミニ四駆モータへのハンダ付け

「ワイルドミニ四駆」付属のモータにノイズ対策用のコンデンサをハンダ付けします。

⑭「セラミック・コンデンサ 1000pF 50V」(表記:102) をモータの金具部分にコンデンサのリード線を差し込み、差し込み口をハンダ付けします。

ハンダ付けでハミ出たリード線は切り取り、ワイルドミニ四駆に付属の「ピニオン・ギア」をハメ込んでおきます。

「ピニオン・ギア」は適切なハメ込み方があるので、「ワイルドミニ四駆」に付属するマニュアルをよく確認しましょう。

85

第6章　電子部品のハンダ付け

■ ワイルドミニ四駆モータと基板の配線

上記でハンダ付けした「モータ」と「基板」を、「ワイヤー」でつなげます。

[1] 配線のために、⑦「電池ボックス」のワイヤーを60mm程度切り取ります。

切り取ったワイヤーのビニールは、「ニッパー」や「ワイヤーストリッパー」などを用いて、外側の皮膜のビニールのみを2mm程度切り取り、内側の銀色の導線部分を露出させます。

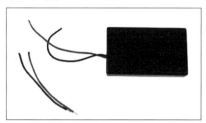

ニッパーを使うときは、切り落とさず挟み込んだ状態で皮膜だけ引き抜くとうまく導線部分を露出できます。

[2] 剥いたワイヤーの銅線には、少量のハンダをつけておいて、基板やモータとハンダ付けしやすく下準備をしておきます。

これも「予備ハンダ」と言います。

[3] 続いて、ピニオン・ギアが上部になるような位置でモータを置き、先ほどコンデンサをハンダ付けした2カ所それぞれに左側に「赤ワイヤー」、右側に「黒ワイヤー」をハンダ付けします。

[4] さらに、基板の「TP3」に「黒ワイヤー」、「TP4」に「赤ワイヤー」をハンダ付けしてください。

「赤線」と「黒線」を間違わないように注意してください。

逆につけると、「回転方向」が逆となり、「前進・後進」も逆になってしまいます。

■ 電池ボックスと基板の配線

⑦「電池ボックス」から出ている配線を基板の「TP5」に赤ワイヤー、「TP6」に黒ワイヤーをハンダ付けします。

*

これでハンダ付けによる作業はすべて終了です。

> ※まだ「電池ボックス」には電池を入れないように注意してください。

6-4 テスターによる検証

ハンダ付け作業の確認に、「テスター」を使って基板の検証を行ないます。
ここでは、「**MS8233B**」のテスターを元に説明しますが、どのデジタルテスターでも基本は同じです。

ハンダ付けが失敗している場合には正しく動作しなかったり、場合によってはスイッチを入れるだけで壊れてしまう可能性もありますが、テスターを使うことで、失敗箇所を事前に確認できます。

また、電子工作における基本的な装置でもあるので、テスターによる検証はできるだけ行なってください。
テスターをもっていない場合、ハンダ付けを失敗している該当箇所の特定が難しくなります。

■ テスターの基礎と名称

真ん中のつまみ(ロータリースイッチ)を回して、「モード」や「レンジ」を用途に応じて変えて使います。

使わないときは「OFF」のところに合わせておきます。

「赤い線」と「黒い線」のテストリードも用途

第6章　電子部品のハンダ付け

に応じて差し替えます。

真ん中のCOM端子は黒いテストリード(-側)を差し込みます。

「電圧」「抵抗」「ダイオード」「電流」(mA、uAオーダー)の測定の場合、「赤いテストリード」を右の端子に接続します。

10Aレンジの電流を測るときだけ「赤いテストリード」を左の端子に接続します。

テスターにリードを装着したら、針のように尖った部分を対象に触れさせて測定します。

参考に、テスター左上の[HOLD]ボタンを押すと、表示している値を固定します。

右上のランプボタンを押すとバックライトが光ります。

■ 導通モード

中央のつまみを、「スピーカーマーク」に合わせます。このモードでは、抵抗値が小さい場合に"ピー"という電子ブザーが鳴ります。

試しに「赤」と「黒」の「テストリード」の先端を接触させてブザーがなるか確認してみてください。

■ 抵抗測定モード

100Ωの抵抗を測ってみましょう。測定の際は計りたい数値よりも大きい数値に合わせる必要があります。

ここでは100Ωを測定したいので、ロータリスイッチをΩマークがついている方向の「200」に合わせてから、赤と黒のテストリードを抵抗から出ている線の両側に接触させます。

実際に測定すると「98.8Ω」と表示されました。
「抵抗」や、「テストリード」などの誤差があるのでピッタリ100Ωにはならないことがあります。
　注意点として、抵抗を計測する際には、「ロータリ・スイッチ」を「測定予想値」より大きい値にします。
　たとえば330Ωなら「200」ではなく「2k」(2000Ω)のほうを選んでください。

● コンデンサの測定について

「MS8233B」には、コンデンサの容量の測定機能はありません。
　高価なテスターには容量測定機能がありますが、「u(マイクロ) Fオーダ」での測定で、「p(ピコ) Fオーダ」の小さい値は測定できないのが一般的です。テスターよりもさらに専用な機材が必要になります。

第6章　電子部品のハンダ付け

■ その他の測定モード

ここから先の測定モードは「MKZ4」の組み立てには必要のない作業ですが、今後「MKZ4」以外の電子工作などを行なう際に参考にしてみてください。

● 電圧測定モード

ここでは、左下の「V」と書いてある「電圧測定モード」にして、「MKZ4」にハンダ付けした「Wi-Fiモジュール」の電源電圧3.3VとGNDを測定してみます。

「20V」レンジにロータリスイッチを回して、基板の「GND」に「黒」のテストリード、「3.3V」ラインに「赤」のテストリードを触れて測定します。

● 電流測定モード

電流を測るには、基板側の変更が必要です。電源ラインを切断してその間にテスターを入れて測る必要があります。

電流は自分で設計していないとなかなか適切なレンジが分かりませんが、大きめのレンジからだんだん小さくしていきましょう。

たとえば、「MKZ4」の電池ボックスの赤線を外して、テストリードの「赤」を接続、基板の「TP5」をテストリードの「黒」に接続します。

電池から流れる電流がまず、テスターを通り、基板に流れることで、回路が動作、テスターで電流も測定できます。
ただし、これは電源を入れただけの値なので、モータを動かした場合はぐっと電流が増えます。

[6-4] テスターによる検証

● ダイオード・モード

「ダイオード・マーク」に「ロータリスイッチを合わせ、ダイオードの「アノード」に赤テストリード、「カソード」に黒のテストリードを接触させるとLEDが光るのを確認できます。

テスターを経由して電流が流れます。

「アノード」と「カソード」を逆にすると光りません。

テスターの種類によっては、LED固有の「VF」と呼ばれる電圧が表示されるものもあります。

■ MKZ4 基板の検証

テスターを使って「MKZ4」が正しくハンダ付けされてショートしていないかをチェックします。

電源は、電池3本ぶん(4.5V程度)と3.3Vです。

これがGNDとつながっている(ショートしている)と壊れてしまうので、下記の手順に従って最低限電源とGNDがショートしていないことを確認してから電源を入れます。

[1]「IC2」にハンダ付けした⑥レギュレータの端子をテストリードで触れて確認します。

レギュレータの3pinがGND、1pinが電源入力(電池電圧)、2pinが電源出力(3.3V)なので、「1－3pin」と「2－3pin」がショートしていないかを、テスターの「抵抗測定モード」で確認します。

第6章　電子部品のハンダ付け

[2]「200Ω」レンジでそれぞれテスターを当たって、ショートしていないかを確認します。

ショートしていない抵抗が大きな正しい状態では、このレンジでは抵抗値が表示されません。

[3]さらに、「導通モード」を使って、ブザーがならないか確認ください。

ブザーがなった場合はショートしています。基板を見直して、正しく組み立てられているか確認してショートが改善するまで直してください。

■ ハンダ付けを失敗したときに

ハンダが隣のパッドとつながってしまった場合(「ブリッジ」と言います)は、手直しが必要です。

*

「ブリッジ」が小さい場合は、ハンダ付けされている部分にハンダごてを当ててハンダを溶かし、パッド側にハンダが流れるようにしてブリッジを外します。

ほんの少し「糸ハンダ」を足すと、効果的です。

*

ハンダを盛りすぎた場合は、「ハンダ吸い取り器」や、「ハンダ吸い取り線」を使って、余分なハンダを除去します。

●「ハンダ吸い取り器」の使い方

ここでは、「ハンダ吸い取り器」を使ってハンダ量が多い場合の直し方を解説していきます。

「ハンダ吸い取り器」の使い方は、基本はどれも変わりません。
バネの反発力で空気を吸い上げ、溶けたハンダも同時に吸い上げます。

[1] 使う前に、まず先端部分を押し込んでバネを縮め、カチッとした感触があるまで押し込みます。

[2] その状態で、吸い取りたい箇所のハンダを、ハンダごてを当てて溶かしておきます。

[3] 溶けたハンダに「ハンダ吸い取り器」をあてて、ボタンを押すと"シュポッ"という音とともに、バネが戻り先端から吸い込みます。

[4] 吸い取ったハンダは、「ハンダ吸い取り器」の中に入っているので、再度バネを縮め、ボタンを押してハンダクズを取り出して廃棄します。

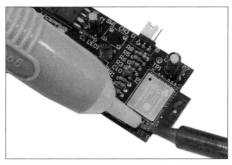

第6章 電子部品のハンダ付け

●「ハンダ吸い取り線」の使い方

「ハンダ吸い取り線」の使い方は、「ハンダ吸い取り器」よりもシンプルです。

[1] ピンセットで「ハンダ吸い取り線」を固定し、ハンダごてを当てて熱し溶かしたハンダを、「ハンダ吸い取り線」で吸い上げます。

[2] 吸い取った部分は、ニッパーで切って廃棄します。

6-5 ライターキット「MKZ4WK」のハンダ付け

MKZ4基板にソフトの書き込みをするためには、「MKZ4WK」または「USBシリアル変換」が必要です。

本節では、ライターキット「MKZ4WK」購入者向けに、キットの組み立て方を説明します。

■「MKZ4WK」の回路図

下図は「CN10」(USBシリアル変換モジュール)からの電源「5V」を「3.3V」に変換している回路になります。

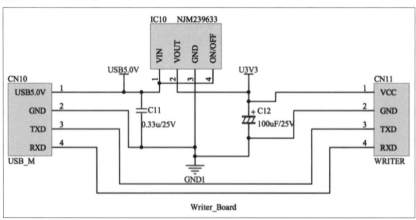

PC側のUSBコネクタから「5V」の出力を電源ピンとして使うことができます。

一方でMKZ4基板は、「3.3V」の電源でしか動作できません。

PCからの「5V」の電源をそのまま入力してしまうと、過電圧で故障してしまいます。

[6-5] ライターキット「MKZ4WK」のハンダ付け

そこで「レギュレータ」(IC10 **NJM239633**)という部品を使って、「5V」の電源を「3.3V」に変換して、「**MKZ4基板**」に供給します。

■ 部品の確認

ライターキット「**MKZ4WK**」一覧を参考に、各部品が揃っているか確認してください。

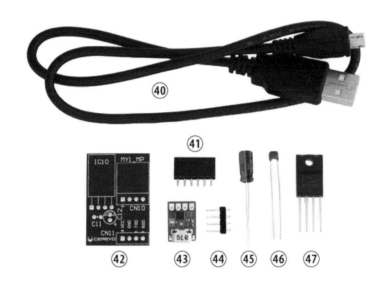

㊷「MKZ4WK基板」に印字されている白い番号(シルク)を確認します。それぞれの番号には、部品表に対応する部品があります。

■ 電子パーツのハンダ付け

● [CN10] ㊹ピンソケット4P

「ピン・ヘッダのハンダ付け」を参考に、足の短いほうを基板の表面から「CN10」と書かれている枠の中に差し込み、裏面からハンダ付けします。

第6章　電子部品のハンダ付け

● [CN10上部] ㊷超小型USBシリアル変換モジュール

「CN10」にハンダ付けしたピンに、基板の枠におさまるように㊷「超小型USBシリアル変換モジュール」を差し込み、差し込み口をハンダ付けします。

● [IC10] ㊼低損失レギュレータ 3.3V1.5A

「レギュレータをハンダ付け」を参考に㊼低損失レギュレータをL字に折り曲げます。

折り曲げたパーツを「IC10」の枠に紐づく4つの穴に差し込み、裏面からハンダ付けします。

● [C11] ㊶ピンソケット

6ピン中、2ピンぶんをニッパーで切り落とし、4ピンに変更します。4ピンになったピンソケットを基板にハンダ付けします。

黒い部分が基板の外側になるように、「C11」にピンを表面から差し込み、裏面からハンダ付けします。

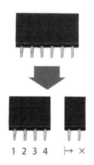

1 2 3 4　↦ ×

96

[6-5] ライターキット「MKZ4WK」のハンダ付け

● [C12] ㊺電解コンデンサ 100μF 25V

「LED、電解コンデンサをハンダ付け」を参考に、基板の表面CN12に足の短いほう（マイナス）を斜線部分に差し込み、裏面からハンダ付けします。

㊺

● [C11] ㊻「セラミック・コンデンサ」0.33uF 50V（表記:334）

「セラミック・コンデンサのハンダ付け」を参考に、基板の表面からCN11と書かれている枠の中に差し込み、裏面からハンダ付けします。

㊻

＊

以上で、「MKZ4WK基板」が完成しました。

■ テスターによる検証

テスターの「抵抗値測定」を用いて、レギュレータ「IC10」の1ピンと3ピンの間、2ピンと3ピンの間が0Ω近くになっていないかチェックします。

抵抗値が0Ω近くの場合、ショートしている可能性があるため、発煙、発火の原因となります。ショートしなくなるまで修理してください。

第6章 電子部品のハンダ付け

抵抗測定が「200Ω」レンジか「通電チェックモード」でショートしていないか確認します。

■ 「マイクロUSBケーブル」を接続し完成

テスターによる検証が終わったら、「マイクロUSBケーブル」を接続します。

マイクロUSBの先は、PCやアダプタなどに接続し、給電できる状態にしてください。

「20Vレンジ電圧測定モード」で1－3pinがUSBの5V、2－3pinがレギュレータ出力の3.3Vになって入れば作業は完了です。

■ ドライバのインストール

「MKZ4基板」にソフトを書きこむために、ドライバをインストールする必要があります。

インストール手順は、この後の「デバイスドライバのインストール」で解説しています。

また、「USBシリアル変換モジュール」付属の説明書か、秋月電子のWebサイトをご覧ください。

秋月電子通商
http://akizukidenshi.com/catalog/g/gM-08461/

第7章 ソフトの書き込み

ソフトの開発に用いる「Arduino」(アルドゥイーノ)は、学生の教育向けに開発された、組み込みソフトの「プロトタイピング・キット」です。

組み込みソフトの初心者でも簡単に扱えて、安価に購入できます。

7-1 Arduinoのダウンロードとインストール

本改造キットでは、「ESP8266」を「Arduino」と同じ開発環境で開発ができる「Arduino core for ESP8266」を使います。

「Arduino core for ESP8266」に関しては、以下のURLを参考にしてください。

・Arduino core for ESP8266
https://github.com/esp8266/Arduino

*

まずはじめに、自分のパソコンに「Arduino IDE」をインストールします。

2016年12月現在の最新版は「1.6.12」ですが、動作確認が取れているバージョンは「1.6.8」なので、「1.6.8」をインストールします。

下記のURLから、各々の環境に合うものをダウンロードしてください。

https://www.arduino.cc/en/Main/OldSoftwareReleases#previous

「JUST DOWNLOAD」をクリックしてください。

第7章 ソフトの書き込み

■ Windows版インストール方法

[1]ダウンロードした「exeファイル」をクリックします。

このような画面が開くので、「I Agree」をクリックしてください。

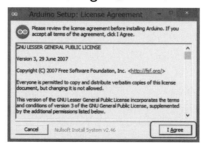

[2]インストールオプションの設定があります。

「Next」をクリックしてください。

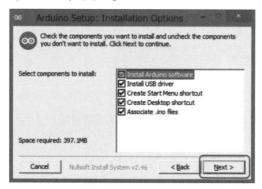

[3]インストールするフォルダを選んで「Install」をクリックしてください。

通常は最初に表示されたフォルダのままでかまいません。

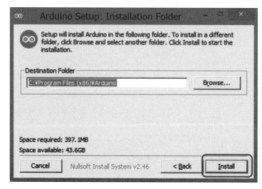

[4] インストールが完了したら、「**Close**」をクリックします。

以上で、「**ArduinoIDE**」がインストールされました。

■ Mac版インストール方法

ダウンロードした「Arduino.app」をアプリケーションにドラッグしてください。

Macでの「**Arduino IDE**」のインストールは以上です。

第7章 ソフトの書き込み

■ Arduino IDEの起動

「MKZ4」の開発で使うボタンは下記の通りです。

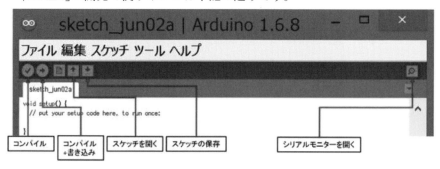

7-2 「Arduino IDE」でESP8266開発の設定

「Arduino IDE」で「ESP8266」の開発ができるように設定をします。

以下は、「Windows 8.1」の追加方法を記載しますが、「Mac版」でも、流れはほぼ同じです。

[1] Arduinoを起動し、ファイル→環境設定をクリックします(Macの場合は、「Arduino → Preferences」をクリックしてください)。

[2]追加のボードマネージャーのURL部に以下のURLを貼り付けて、「OK」をクリックします。

http://arduino.esp8266.com/stable/package_esp8266com_index.json

[7-2] 「Arduino IDE」でESP8266開発の設定

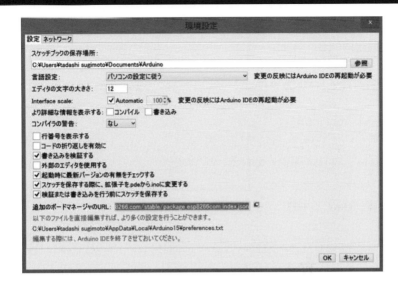

[3] 次に、「ツール → マイコンボード → ボードマネージャー」をクリックします。

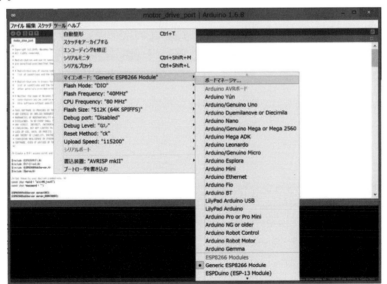

第7章　ソフトの書き込み

[4]「esp8266 by ESP8266 Community」の「バージョン 2.2.0」を選択して、インストールをクリックします。

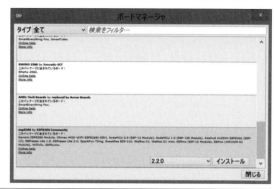

これで「Arduino IDE」から「ESP8266」を開発できるようになりました。

● 「Arduino IDE」による「ESP8266」の開発

「Arduino IDE」による「ESP8266」の開発は、「Github」というWebツールを用いて、URLインターネット上で有志のメンバーが行なっています。より詳しい情報が知りたい方や興味がある方は、以下のURLをご参考ください。
https://github.com/esp8266/Arduino

7-3　Arduinoスケッチ（ソースコード）のコンパイル

サンプルスケッチをコンパイルするためサポートページからファイルをダウンロードします。

「コンパイル」とは、プログラムが書かれたスケッチをマイコンが実行可能な形式に変換することです。

[1] サポートページから、スケッチをダウンロードします。

[2] ダウンロード完了後に、ダウンロードフォルダの「MKZ4-master.zip」ファイルを展開します。
　「Cerevo_MKZ4.ino」をクリックします。
　警告のウインドウが出たら「OK」をクリックします。

[7-3] Arduino スケッチ（ソースコード）のコンパイル

[3]「Aruduino IDE」が開いたら「ツール → マイコンボード」から「Generic ESP8266 Module」を選択します。

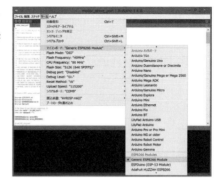

[4]「スケッチ → 検証・コンパイル」をクリックしてスケッチをコンパイルします。

[5] コンパイルに成功すると、「コンパイルが完了しました。」と表示されます。

■ Wi-Fi アクセス・ポイント名の変更

「MKZ4」のサンプルプログラムは、スマートフォンからアクセスする「Wi-Fi アクセスポイント」の名前が「MKZ4」に設定されています。

多人数で複数の「MKZ4」を使って遊ぶ場合などは、同じ「アクセス・ポイント」の名前だと混乱するかもしれません。

第7章 ソフトの書き込み

もし名前を変更したい場合は、プログラムの38行目、

`const char *ssid = "MKZ4" ;`

の「MKZ4」の部分を好きな名前に書き変えてください。

*

書き換えた後は、再度上記手順でコンパイルします。

7-4 デバイスドライバのインストール

「MKZ4WK」は、Micro USBケーブルを用いてパソコンと接続します。

しかし、「デバイス・ドライバ」というプログラムがパソコンにインストールされていないと、動作しません。

自分のパソコンにドライバがインストールされているかを確認してみましょう。

※「MKZ4WK」を購入していない方は、本章は読み飛ばしてかまいません。

■ デバイスドライバの確認

PCのUSBポートに「MKZ4WK」を接続します。

「Arduino IDE」を開き、「ツール→シリアルポート」をクリックしてください。

● Windows版

COM番号が表示されていれば、ドライバがすでにインストールされています。

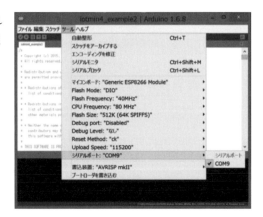

[7-4] デバイスドライバのインストール

● Mac版

「/dev/cu.usbserial-[英数字]」が表示されていれば、ドライバがインストールずみです。

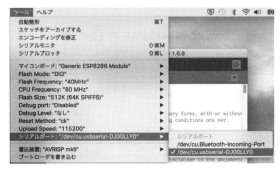

すでにインストールずみの方は「プログラムの書き込み」へ進んでください。

■ ドライバインストール方法

ここからはドライバがインストールされていない人向けに、インストールの方法を解説します。

[1]以下URLのFTDI社のHPにアクセスし、「Drivers→VCP Drivers」をクリックします。

```
http://www.ftdichip.com/
```

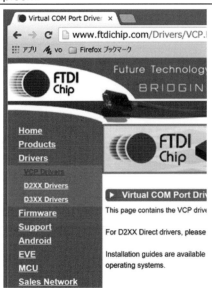

107

第7章 ソフトの書き込み

[2]ページ下部にPC環境別のリンクがあるので、環境に合わせたドライバをダウンロードし、説明に沿ってインストールしてください。

環境によっては、ドライバが有効化するためにPCの「再起動」が必要になる場合があります。

Operating System	Release Date	x86 (32-bit)	x64 (64-bit)	PPC	ARM	MIPSII	MIPSIV	SH4	Comments
Windows*	2016-06-23	2.12.18	2.12.18	-	-	-	-	-	WHQL Certified. Includes VCP and D2XX Available as a setup executable Please read the Release Notes and Installation Guides.
Linux	2009-05-14	1.5.0	1.5.0	-	-	-	-	-	All FTDI devices now supported in Ubuntu 11.10, kernel 3.0.0-19 Refer to TN-101 if you need a custom VCP VID/PID in Linux.
Mac OS X 10.3 to 10.8	2012-08-10	2.2.18	2.2.18	2.2.18	-	-	-	-	Refer to TN-105 if you need a custom VCP VID/PID in MAC OS
Mac OS X 10.9 and above	2015-04-15	-	2.3	-	-	-	-	-	This driver is signed by Apple

Windowsであればこのリンクをクリック

MACであれば環境に合わせて選ぶ
最近のPCであれば OSX 10.9 x64(64-bit)

7-5　プログラムの書き込み

ハンダ付けずみの「ライター基板」(MKZ4WK)と「PC「をUSBケーブルで接続します。

[1]接続方向に注意しながら、「MKZ4基板」にハンダ付けした「CN1」のピンに「ライター基板」(MKZ4WK)を垂直に差し込み接続します。

108

[7-5] プログラムの書き込み

[2]「MKZ4基板」のジャンパ・ピンが「D」側に刺さっているか確認します。

刺さっている場所が違うと、書き込むことができません。

[3]「Arduino IDE」上で、「ツール → シリアルポート」からライター基板(MKZ4WK)のCOM番号を指定します(COM番号は環境によって異なります)。

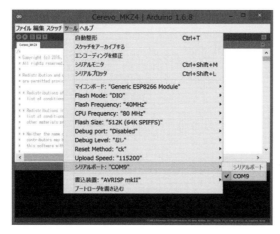

「Mac」の場合は、「/dev/cu.usbserial-[英数字]」を指定します。

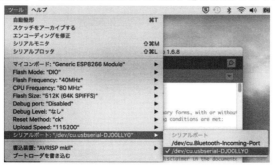

第7章 ソフトの書き込み

[4]「スケッチ」→「マイコンボードに書き込む」をクリックしてソフトを書き込みます。

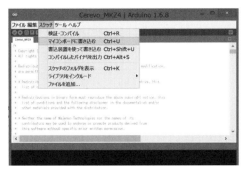

[5]「マイコンボードへの書き込みが完了しました」と表示され、ソフトの書き込みが完了しました。

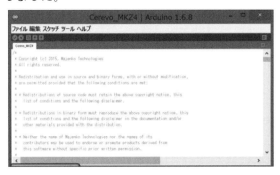

7-6 動作確認

「MKZ4基板」のジャンパ・ピンを「B」側(下図の向かって右側)に接続しておきます。

「CN3」は、ソフトを書き込む場合は、「D」側に接続してから電源を入れます。

「D」側に接続したままで電源を入れても起動しません。

ソフトを書き込んだ後、「B」側に接続し直して電

源を入れると新しく書いたソフトで起動します。

＊

これで基板を動作させる準備ができました。

ハンダ付けが正しいか、ソフトが正常に起動するか電池を入れてチェックしてみましょう。

7-7　電池ボックスへ電池をセット

「電池ホルダー」の蓋を外し、電池のプラスマイナスに注意して、「単4電池」3本を「電池ホルダー」に挿入します。蓋を付け、電源スイッチを入れます。

「ハンダ付け」と「ソフト書き込み」が正しく行なわれていると、「MKZ4基板」上のLEDが点灯します。これで動作確認が完了しました。

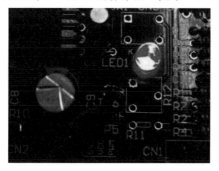

第8章 「ステアリング機構」組み立て

以下の工具をご用意ください。

・ニッパ ×1
・ピンバイス ×1
・直径3mmの穴を開ける道具 ×1

また、「MKZ4」に付属するプラパーツも合わせて準備してください。

8-1 ワイルドミニ四駆シャーシの加工

「ワイルドミニ四駆」に付属する「シャーシ」を、ニッパーで加工します。

既製品の「ワイルドミニ四駆」のパーツをニッパーでザクザク切ったり、「ピンバイス」で穴を開けることになるので、間違ってパーツを破損しないよう、慎重に作業を進めてください。

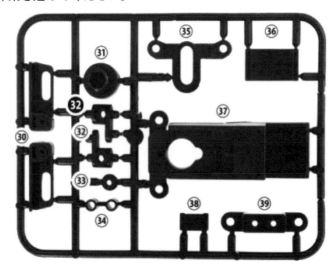

[8-1] ワイルドミニ四駆シャーシの加工

■ シャーシの前輪部分・出っ張り加工

「シャーシ」と「ギアカバー」(A3)の前輪部分と出っ張りを加工していきます。

[1]「ワイルドミニ四駆」に付属のマニュアルを参考に、いったん軽く「シャーシ」と「ギアカバー」を組み付けてください。

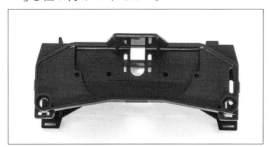

[2] 前輪にあたる次の図の灰色の部分(前輪部分と出っ張り)の端をニッパーで切り込みを入れて、目印をつけます。

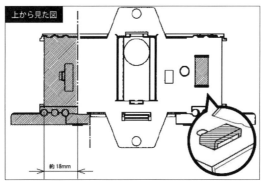

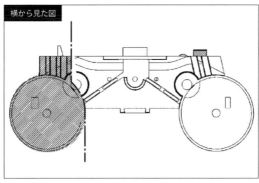

第8章 「ステアリング機構」組み立て

[3] 目印となる切り込みが入れられたら、「シャーシ」と「ギアカバー」をバラして、それぞれを少しずつニッパーで灰色の部分全体をカットしていきます。

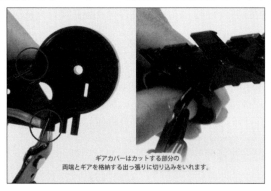

ギアカバーはカットする部分の
両端とギアを格納する出っ張りに切り込みをいれます。

「シャーシ」の前後を間違えないように注意してください。切り離した灰色の部分は使いません。

ギアカバーは
切り込みをいれたら
手で簡単に切り離せます

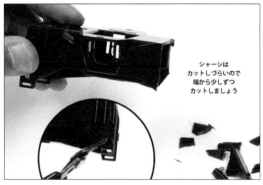

シャーシは
カットしづらいので
端から少しずつ
カットしましょう

仕上がりにこだわりがある人は、ヤスリなどで形を整えるといいでしょう。

[**4**] カットが終わったら、加工した「シャーシ」と「ギア・カバー」、そして「ギア」を、「ワイルドミニ四駆」付属のマニュアルに従って組み立てます。

下図の通りギアが組み付けられているかを確認してください。
左の2つのギアが「灰色」で、右のギアが「オレンジ色」です。
ギアの周りと軸部分にあたるギザギザの面に、「ワイルドミニ四駆」に付属するグリスをよくつけてください。

ほかにもパーツ同士が接触する面（「ギアカバー」や「シャーシ」とくっつく面）にはグリスを塗っておくと「ミニ四駆」の動きがよくなります。

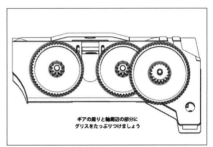

[**5**] ギアを取り付けた状態で、「シャーシ」と「ギアカバー」の組み立てができるとこのような状態になります。

■ シャーシにガイドシールを貼り付け

前輪部分をカットした「シャーシ」に穴を空けます。
穴をあける位置の目印として、「ガイドシール」を「シャーシ」に貼り付けます。

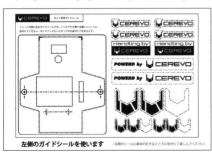

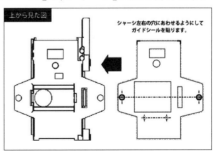

第8章 「ステアリング機構」組み立て

■ シャーシに3mmの穴あけ

「ガイドシール」を参考にシャーシ天面に2カ所、直径3mmの穴を開けます。穴を開けたらシールを剥がしてください。

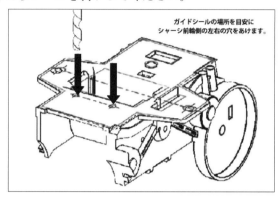

8-2 「ワイルドミニ四駆ホイール」の加工・組み立て

「ワイルドミニ四駆」に付属するタイヤの「ホイール」にあたる部分を取り出し、加工をしていきます。

■ 左前輪ホイールの加工

「ワイルドミニ四駆」の「左前輪」にあたる部分、1パーツのみ取り出し、画像のグレーで表示された部分をニッパーでカットします。

「後輪」をカットしないように気をつけましょう。

カットしたものと、カットされていないものが1つずつあれば、問題ありません。

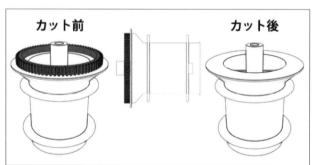

[8-2] 「ワイルドミニ四駆ホイール」の加工・組み立て

■ 前輪ホイールの穴の拡張

「前輪」を2つとも（上記のカット加工をした「ホイール」を含む）、タイヤの中心のセンター穴を3mmのドリルで拡張します。

後ほどここに「MKZ4」に付属のネジを通します。

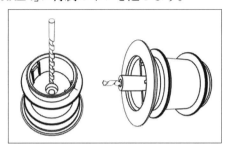

穴を広げたら、4つの「ホイール」に「ワイルドミニ四駆」に付属するゴムタイヤをつけます。

ゴムタイヤは少しハメ辛いので、力を入れてハメ込みます。

■ 「ホイール・スペーサー」の挿入

2つの前輪に、㉞「ホイール・スペーサー」を挿入します。

117

第8章　「ステアリング機構」組み立て

8-3　ステアリングの組み立て

「ワイルドミニ四駆」のシャーシに、MKZ4オリジナルの「ステアリング」を組み立てていきます。

■「アップライト」に「六角ボルト」の挿入

2つの㉜「アップライト」にそれぞれ別の「六角ボルト」を挿入します。

「右前輪」のギア側のボルトは長いほうの㉕30mm、左前輪のギア側のボルトは短いほうの㉖25mmを使います。

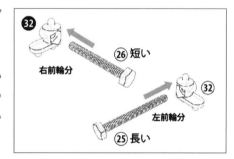

■ サーボ・ギア位置を中心に調整

青色の「サーボ・ギア」を「ステアリング」に組み立てる前に、中のギアの中心を揃える必要があります。

この中心がズレていると操作時にズレが生じるので、よく確認してください。
「サーボ・ギア」の3色のケーブルが出ている面を正面にみて、「青い外形」の上部に「白いでっぱり」があるのを確認してください。
このでっぱりは、「青い外形」の中に組み込まれている「白いギア」につながっています。「白いでっぱり」のすぐ下の大きなギアのさらに下、「青い外形」の中にも「白いでっぱり」があるのを確認してください。

この青い外形の中にあるでっぱりが、ケーブルと垂直軸に水平になるように外に出ているデッパリをつまみ回転させます。

これでギアの中心を揃えることができます。

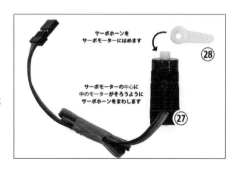

118

[8-3] ステアリングの組み立て

■「ベース・パーツ」と「サーボ・モータ」の組み立て

㊲「ベースパーツ」に㉗「サーボ・モータ」を挿入し、㉒「2 × 8mm タッピング・ビス」で止めます。

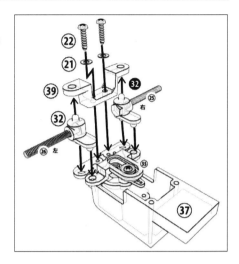

■「サーボ・ホーン」をネジ止め

図を参考に、㉘「サーボ・ホーン」を㉗「サーボ・モータ」に差し込み、「サーボ・モータ」に付属の㉙ネジで留めます。

続いて、㉟「プッシュ・プレート」を㉘「サーボ・ホーン」に乗せ、その上から㉝「スロット・シャフト」を㉘「サーボ・ホーン」の細いほうから3番目か4番目の位置になるように、㉔「2x5mm タッピング・ビス」で取り付けます。

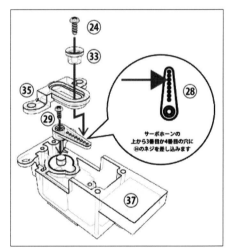

㉝「スロット・シャフト」のネジをとめるとき、ネジ山が崩れないように、ネジの差し込み方向に力を入れて押しながらゆっくり回してください。

119

第8章 「ステアリング機構」組み立て

■「アンダーアーム」と「アップライト」のネジ止め

㉟「プッシュ・プレート」の穴に㉜「アップライト」を差し込み、㊴「アンダーアーム」を上からかぶせて、㉒「2x8mmタッピング・ビス」に㉑「ワッシャ」を通して固定します。

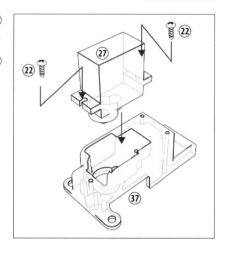

8-4 「シャーシ」の組み立て

■「ステアリング・パーツ」と「シャーシ」の組み立て

完成した「ステアリング・パーツ」を「シャーシ」に挿入します。

「シャーシ」で開けた3mmの穴に、㉒「2×8mmタッピング・ビス」に㉑「ワッシャ」を通して固定します。

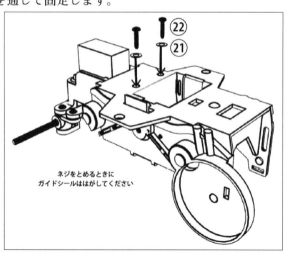

ネジをとめるときに
ガイドシールははがしてください

120

[8-4] 「シャーシ」の組み立て

■「前輪タイヤ」の組み立て

加工ずみの「前輪タイヤ」をボルトに差し込み、㉓「ナイロン・ロックナット」を㉛「プラスチック・スパナ」で締めます。

締めすぎるとタイヤが回らなくなってしまうので、タイヤを手で回してぐらつかずにスムーズに回転するくらいが目安です。

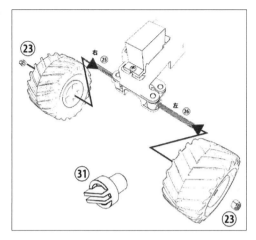

付属の㉛「プラスチック・スパナ」は、お手持ちのコインを使うと、簡単に回せます

*

合わせて、「ワイルドミニ四駆」に付属のマニュアルを参考に、「後輪」を組み立てます。
「ギア」がきちんと噛み合わないと、「ミニ四駆」が走らないので、気をつけて組み立ててください。

■「モータ」を「シャーシ」に組み込み

「シャーシ」に「モータ」を組み込みます。
"パチッ"と音がするまでモータをハメ込みます。

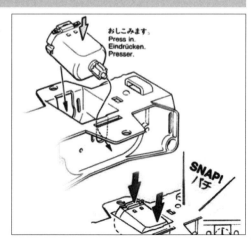

121

第8章　「ステアリング機構」組み立て

■「シャーシ」へ「基板スペーサー」「基板」の貼り付け

　両面テープを使って、㊱と㊳の「基板スペーサー」を「シャーシ」に貼り付けます。

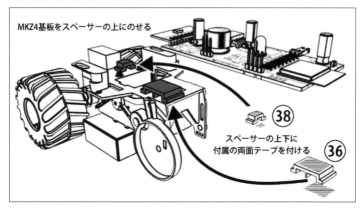

　その後、「基板スペーサー」の上に、「基板」を貼り付けます。

■「電池ボックス」の取り付け

　「シャーシ」の背面に⑦「電池ボックス」を取り付けます。
　両面テープを「シャーシ」に貼り付け、その上から「電池ボックス」を向きや配線に注意して取り付けます。
　スイッチ面が上になるように貼り付けましょう。

※この「電池ボックス」の貼り付け箇所は、好きな場所に貼り付けても問題ない。

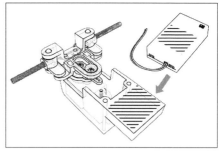

[8-4] 「シャーシ」の組み立て

「茶色」「赤色」「黄色」の「サーボ・モータ」の配線を基板に差し込みます。

前輪を左右に動かしてみたり、後輪を回転させてみて接触しないか確認してください。

前輪のステアリングを左右どちらかに切った場合に、干渉しないか注意してください。

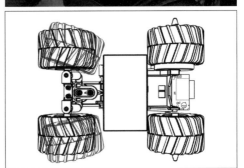

■「ボディ・スペーサー」の取り付け

㉚「ボディ・スペーサー」を㉒「2×8mmタッピング・ビス」と「ワッシャー」で取り付けます。

ボディによっては、この「スペーサー」を取り付けなくてもそのままボディが装着できるものもありますが、「基板」や「サーボ」などと干渉してしまうケースがあるので、「ボディ・スペーサー」の使用をお勧めします。

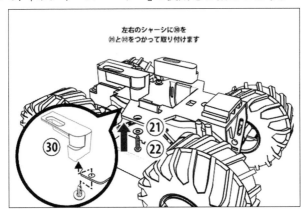

123

第8章　「ステアリング機構」組み立て

■「ボディ・スペーサー」の取り付け

　最後に取り付けた㉚「ボディ・スペーサー」の上に、「ワイルドミニ四駆」付属のボディを載せて、「ワイルドミニ四駆」付属のクリップ(A5)を使います。

＊

以上で、組み立て完了です。

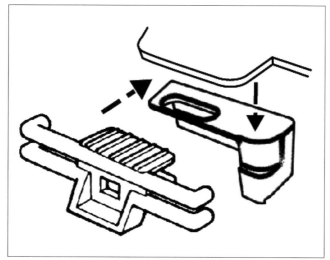

第9章 「MKZ4」の動作確認

それでは実際に「MKZ4」を動かすことが出来るのか、動作確認をしてみましょう。

9-1 スマートフォンブラウザによる「MKZ4」への接続

「スマートフォン」や「タブレット」のブラウザを立ち上げて、「ミニ四駆」と接続します。

■ スマートフォンのWi-Fi設定

端末のWi-Fi設定アプリを立ち上げ、アクセスポイント名「MKZ4」に接続します。

※プログラムの書き込み時にWi-Fiの名前を変えた場合は、その名前のアクセスポイントに接続。

●「SSID」が見つからない場合は？

「アクセスポイント名」と「パスワード」は、前章で行なった「Arduino」への書き込みするソースコードを変更することで、変更が可能です。

接続に失敗する方は、書き込んだソースコードを確認して、正しい「アクセス・ポイント名」と「パスワード」を入力しているか、見てください。

■ ブラウザによる接続

[1]「スマートフォン」や「タブレット」に入っているブラウザアプリ(chrome、safariなど)を立ち上げます。

[2] URL入力欄に「192.168.4.1」を入力して実行します。

第9章　「MKZ4」の動作確認

[3]画面上に「CONNECTED」の文字が表示されたら、準備完了です。

9-2　操作説明

「MKZ4」を操作してみましょう。

操作はすべてスワイプ(画面を押しながら指を動かす)で行ないます。

画面の上下にスワイプさせることで、ミニ四駆が「前進・後進」します。
画面から指を離すと止まります。

・上向きにスワイプ:前進
・後ろ向きにスワイプ:後進

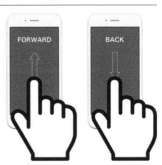

・左右にスワイプ:ステアリング切り替え

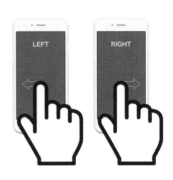

・左右斜め方向にスワイプ:スワイプ方向にカーブしながら進行

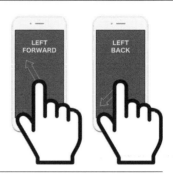

9-3 MKZ4 応用編へ

この章までで、「MKZ4」を使ってスマートフォン経由で操作する「ワイルドミニ四駆」の改造が出来ました。お疲れさまでした。

慣れない作業も多かったと思いますが、最後は楽しんでもらえれば幸いです。

*

次の章からは、「電子工作」「ソフト開発」「メカ設計」、それぞれの「応用編」の紹介です。

ここまでの「基礎編」よりもさらに難易度が上がりますが、ぜひ挑戦してみてください。

第10章 「MKZ4」応用編 ～もっと改造してみよう！～

ここまでで、とりあえず「MKZ4」を操作することが出来るようになったと思います。
ここからは、「MKZ4」をもっと改造してみましょう。

10-1　LEDをチカチカ点滅させよう（Lチカ）

「ソフトの書き込み」の章で書き込んだプログラムは、「MKZ4」のさまざまな動作が記述されているため、プログラミング初心者には難しいと感られるかもしれません。

通常の電子工作やArduinoでは、まず初めに「LEDをチカチカ点滅」（通称「Lチカ」）からはじめることが多いです。

＊

プログラムの初歩を理解するために、「Lチカプログラム」を「MKZ4」で動作させてみましょう。

「Lチカ」が理解できれば、さらにその先の改造を試せるようになります。

■ プログラムの作成

「ファイル→新規ファイル」を選択し、以下のスケッチを記述します。

こちらは「MKZ4基板」のLEDを100msec間隔で点滅させるスケッチです。

[10-1] LEDをチカチカ点滅させよう（Lチカ）

Lチカプログラム「サンプル・ソース」

```
int led = 12; //LED is connected to IO12
void setup() {
// put your setup code here, to run once:
pinMode(led,OUTPUT);
//set output mode for IO12
}

void loop() {
// put your main code here, to run repeatedly: digitalWrite
(led,HIGH); //OUTPUT HIGH delay(100);
  digitalWrite(led,LOW);
//OUTPUT LOW
delay(100);
}
```

■ スケッチのコンパイル

左上のチェックマークをクリックして、スケッチをコンパイルします。

■ プログラムの書き込み

[1]「ソフトの書き込み」の章を参考に、「MKZ4基板」のジャンパ・ピンの「D」側に接続し、「ライター基板」（MKZ4WK）を「MKZ4基板」に差し込みます。

このとき、「電池ボックス」の電源がOFFになっていることを確認してください。

[2] 矢印をクリックしてコンパイルずみのスケッチを書き込みます。

[3] 書き込み完了後、「MKZ4基板」上のLEDが点滅したら成功です。

第10章 「MKZ4」応用編

■ Arduinoスケッチの基礎解説

Arduinoのスケッチは、右の図のように、「setup関数」と「loop関数」の2つの関数で構成されています。

「setup関数」は起動時に1回だけ実行されます。

「loop関数」は無限に繰り返し実行されます。

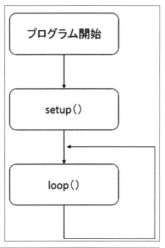

[1]「Lチカプログラム」では、まずLEDが接続されているピン番号を指定しています。

LEDは「ESP8266」の「IO12」というピンに接続されているので、以下のように記載します。

```
int led = 12 ;
```

[2]次に、「setup関数」内で「IO12」のピンを出力に設定します。

```
pinMode(led, OUTPUT);

pinMode(ピンの番号, OUTPUT or INPUT);
```
と記載すると、指定番号のピンが「OUTPUT」で「出力モード」になり、「INPUT」で「入力モード」になります。

「出力」に設定することで、LEDを光らすことができます。

[3]「loop関数」内でIO12ピンを100msec間隔で「High,Low」させて、LEDを点滅させています。

```
digitalWrite(led,HIGH);  //12ピンをHigh LED光る  delay(100);
//100msec待つ
digitalWrite(led,LOW);  //12ピンをLow LED消える  delay(100);
//100msec待つ
```

「loop関数」内は無限に繰り返し実行されるので、「100msecLED光る→100msecLED消える→100msecLED光る→100msecLED消える……」という動作になりLEDが点滅します。

「サンプル・プログラム」のフォルダ内にはブラウザからLEDを「ON/OFF」できるサンプルも入れているので、簡単に使い方を紹介しておきます。

「サンプル・プログラム」は、サポートページからダウンロードできます。

[1]「remote_led_switch_example.ino」をコンパイルして書き込み。

[2] スマートフォンを起動して、アクセスポイント「REMOTE_LED_SWITCH」に接続。

[3] ブラウザを立ち上げ、URL入力欄に「192.168.4.1」を入力。

[4] ON/OFFボタンが表示されるので、ONでLED点灯、OFFでLEDが消灯。

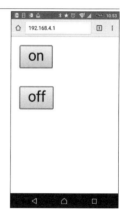

10-2 「ヘッドライト」「ブレーキランプ」の点灯

改造例として、「ヘッドライト」と「ブレーキランプ」の例を解説します。

「ヘッドライト」には白色LED、「ブレーキランプ」には赤色LEDを選択して、「ランチボックスJr」に取り付ける改造です。

第 10 章 「MKZ4」応用編

■ 追加で購入が必要なパーツ・工具

ここで解説する改造を行なうには、別途パーツや工具の購入が必要です。
第8章で紹介している販売店などで購入してみてください。

≪パーツ≫

・砲弾型 LED
-白 ×2
-赤 ×2
・抵抗 100 Ω ×4
・ポリウレタン銅線

≪工具≫

・カッター または 超音波カッター
・ホットボンド
・5mmの穴を空けられるドリルなど
・遮光テープ

■ 点灯仕様の検討

「ヘッド・ライト」と「ブレーキ・ランプ」を点灯させると言っても、単に
LEDが点灯するだけでは、車らしくありません。

そこで、光り方の仕様を、以下のように決めました。

・ヘッド・ライト:常時点灯
・ブレーキ・ランプ:走行時は暗めに点灯、停止時のみ明るく点灯

■ 実現方法の検討

「ヘッドライト」は常時点灯のため「電源」と「GND」に直接接続、「ブレーキ
ランプ」は「ミニ四駆」の動作に合わせて制御するため、LEDをPWM制御し
ます。

[10-2] 「ヘッドライト」「ブレーキランプ」の点灯

「ESP8266」は、オリジナルの「Arduino」とは違って「アナログ・ピン」以外はすべて「PWM制御」が可能です。

ここでは、拡張用に用意しておいた「TP1」(GPIO13)に接続します。

> ※「PWM制御」については、**第7章**で解説しているので、興味がある方はそちらを参照してください。

■ ボディの加工

作例のように、ボディにLEDを埋め込むために「ランチボックスJr」のボディをピンバイス(ハンドドリル)で削ります。

ヘッドライト部分は丸いので、ϕ5mmのピンバイスやドリルで簡単に穴を開けられます。

ブレーキランプは四角いので、超音波カッターがあると便利です。
「超音波カッター」は、ナイフが振動しており、プラスチックをバターのように切ることができます。

穴をあけた箇所にLEDを固定していきます。
固定には、「ホットボンド」(グルーガン)がお勧めです。

また、単にLEDをボディに取り付けただけだと、ボディの隙間からの光漏れが気になります。

ボディの内側から見てLEDの周辺の余分なところには、「遮光テープ」を貼って遮光すると、光漏れを防ぐことができます。

第10章 「MKZ4」応用編

■「基板」と「LED」の接続

「基板」と「LED」を接続し、基板から点灯制御できるようにします。

接続の概念図は右の通りです。

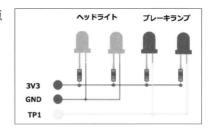

● 抵抗のハンダ付け

ボディに取り付けたLEDのリード線の左右どちらかに、抵抗100Ωをハンダ付けします。

これは「電流制限抵抗」と呼ばれており、LEDが燃えないように付けるものです。

● LEDと基板をポリウレタン銅線を使ってハンダ付け

10cm程度のポリウレタン銅線を用意し、以下の接続を行ないます。

・ヘッドライトLED ×2	・ブレーキランプLED ×2
-アノード → 3.3V	-アノード → 3.3V
-カソード→ GND	-カソード → TP1

基板上の「3.3V」(CN3の「B」側)と「GND」(CN3の「D」側)、「TP1」に対応するLEDのポリウレタン線を接続します。

[10-2] 「ヘッドライト」「ブレーキランプ」の点灯

「ポリウレタン線」は、ハンダごてで温めてハンダを盛ると、熱で皮膜が溶け、ハンダが乗って導通(電気が通る)できるようになります。

■ LED制御スケッチの実装

「**Arduino**」を立ち上げて、「Cerevo_MKZ4.ino」を「ブレーキ・ランプ」の制御プログラムを追加します。

※Arduinoの操作については**第6章**を参照してください。

・「TP1」は「IO13」につながっているので、「IO13」を「analogWrite」で定義し、PWM制御で調光。
・MAX値が「1023」かつ「L」で発光なので、全開、暗め(1/3の明るさ)を定義(1023だと消灯)。

```
//TP1 GPIO13
#define BLED_H (analogWrite( 13, 0 ))
#define BLED_M (analogWrite( 13, 768 ))
```

「Stop」のときは以下を追記して明るく点灯します。

```
BLED_H;
```

「Stop」以外のときは、以下を追記して、暗めに光らせます。

```
BLED_M;
```

修正したスケッチはサポートページにあるので参考にして、スケッチを書き直してみましょう。

「custom」フォルダ内の「Cerevo_MKZ4_LED-light.ino」がソースファイルになります。

「修正したスケッチ」はサポートページからダウンロードできます。

● もっとLEDを明るくするには

「**ESP8266**」のポートはあまり電流が流せないので、明るさに限度があります。
明るさは電流に比例します。もっと明るく光らせたい場合は、「トランジスタ」の追加にチャレンジしてみましょう。

第10章 「MKZ4」応用編

＊

　本書では「トランジスタ」の解説はしませんが、本書の後半についている参考図書や、Googleなどを使って、自力で調べて改造してみましょう。電子工作レベルアップです！

■ LED点灯の動作確認

　「CN3」のジャンパ・ピンを「D」側に側にして書き込みが終わったら、「B」側に戻した上で、電源を入れてみましょう。「ヘッドライト」が点灯したでしょうか。

　「ブレーキ・ランプ」は、走行時と停車時で光り方が変わりました。
　簡単な改造ですが、ぐっと車らしくできました。

　車体に「オリジナル・ステッカー」を貼ってみたり、さらに改造を進めてみましょう。

10-3 スマートフォンの傾きで「MKZ4」を操作

スマートフォンに搭載されている「ジャイロ・センサ」を使って、スマートフォンの傾きで「MKZ4」に指示を送り、操作できる改造を解説します。

プログラムだけで操作方法を変更できるので、ソフトに興味がある方にお勧めです。

■ 操作方法

前進後退の指示を「X軸」の角度、右、左のステアリング操作を「Y軸」の角度としてます。

(a)前進はX軸の角度を「マイナス」に、(b)後退は「プラス」に、(c)右へのステアリング操作はY軸の角度を「プラス」に、(d)左へのステアリング操作はY軸の角度をマイナスに、傾きが閾値以上であれば、傾きに応じた操作指示を「MKZ4」に送信します。

■ ソフトの解説

「サンプル・プログラム」は、サポートページからダウンロードしてください。

「custom」フォルダ内の「MKZ4_example2.ino」が「サンプル・プログラム」になります。

＊

スマートフォンが傾くとコールバックされるハンドラーを「function」内部に記載します。

第一引数に「'deviceorientation'」を登録することで、スマートフォンが傾いたときに「function関数」が呼ばれます。

```
window.addEventListener( 'deviceorientation', function
(event){}
```

第10章 「MKZ4」応用編

「function」内で「y軸」「x軸」の角度を取得します。

```
var y = parseInt(event.gamma); var x = parseInt(event.beta);
```

「event.beta」で「x軸角度」を、「event.gamma」で「y軸角度」を取得できます。

「paseInt」で数値に変換してから変数に入れています。

後は指示を出す「閾値」と「現在の角度」を比較して指示を「MKZ4」に送信します。

＊

「サンプル・プログラム」では「前進、後退」は10度以上傾くと指示を出します。また、「左右」は5度以上傾くと指示を出します。

「サンプル・プログラム」を書き込み、スマートフォンを傾けて「MKZ4」を操作してみてください。

10-4 「Milkcocoa」を使ったMKZ4遠隔操作

「Milkcocoa」というWebサービスを用いて、「MKZ4」を外部から遠隔操作する改造を解説します。

＊

これまでは「スマートフォン」と「MKZ4」をWi-Fiで直接つないでいたので、操作がスマートフォンの電波が届く範囲に限られていました。

「Milkcocoa」という外部サービスを使うと、スマートフォンがインターネットに接続されている場所ならどこからでも「MKZ4」を操作できます。

＊

作業自体は、とても簡単です。

JavaScriptのコードを数行書くだけで、サーバと通信できるようになります。ホビー用途なら無料の範囲で充分使用できるため、お勧めです。

[10-4] 「Milkcocoa」を使ったMKZ4遠隔操作

■「Milkcocoa」とは？

　日本発のサービスで、自前でサーバを準備せずに、「クライアントSDK」を介してデータの「保存」「更新」「取得」また「Pub/Sub通信」ができます。

・Milkcocoa
https://mlkcca.com/

　「MKZ4」で使っている「ESP8266」向けにもSDKが公開されています。
　「Milkcocoa」の詳しい導入方法は下記URLをご参考ください。

・ESP8266やArduinoでMilkcocoaを使う方法(Milkcocoa Arduino SDK)
http://blog.mlkcca.com/iot/milkcocoa-arduino/

・Getting Started(Arduino, ESP8266, mbed)
https://mlkcca.com/document/start-arduino.html

■「ESP8266」と「Milkcocoa」をつなぐネットワークの全体図

　「MilkcocoaSDK」では3つのメソッドが使えます。
　たった3つのメソッドだけでIoTサービスが作れる簡単なサービスです。

send()	データの送信
push()	データの送信＆保存
on()	send()やpush()の監視

　これらのメソッドの中から「push」と「on」を使った、ネットワークの全体図と動作の流れは右の図のようになっています。

Milkcocoaを介したネットワーク接続図

[1] Webブラウザ上で「MKZ4」の動作指示を行なう。
　操作の向きに対応して「pushメソッド」で動作指示を「milkcocoa」に送信する。

第10章 「MKZ4」応用編

[2]「milkcocoa」に「push」がくると「ESP8266」がコールバック(onpush)を受ける。

[3]「ESP8266」が指示内容によってモータとステアリングを操作する。

ポイントは、「ESP8266」がご自宅からインターネットを経由して「Milkcocoa」のサーバと通信するところです。

■「Milkcocoa」の設定

[1]「milkcocoa」に登録(無料)。

[2]ログインして「dashboard」で新しいアプリを作成。

[3]作成したアプリの「app_id」とアプリ名を控えておく。

■「Arduino IDE」への導入

[1]「GitHub」から「Milkcocoa ESP8266 SDK」をダウンロード。
以下のURLからZIPファイルでダウンロードします。
```
https://github.com/milk-cocoa/Milkcocoa_ESP8266_SDK
```

[2] Arduino IDEに追加。
「**Arduino IDE**」を開き、「スケッチ→ライブラリをインクルード→.ZIPファイル形式のライブラリをインストール」を選択してクリックします。
ダウンロードした「Milkcocoa ESP8266 SDK」を選択します。

 「サンプル・プログラム」はサポートページからダウンロードしてください。

[10-4] 「Milkcocoa」を使った MKZ4 遠隔操作

　「custom」フォルダ内の「milkcocoa_esp8266.ino」がサンプルプログラムになります。

[3]「Milkcocoa」のサンプルコードを開きます。
(ファイル → スケッチ例 → Milkcocoa ESP8266 SDK → milkcocoa_esp8266)

■ 「Milkcocoa」対応のArduinoプログラム

```
(中略)
/***** WiFi Access Point *****/
#define WLAN_SSID  "SSID_name"  //SSID名 (1)
#define WLAN_PASS  "SSID_pass"  //SSID パスワード

/***** Your Milkcocoa Setup *****/
#define MILKCOCOA_APP_ID "milkcocoa_app_id"
                                //milkcocoa idを記載 (2)
#define MILKCOCOA_DATASTORE "data"
                                //milkcocoa data store 名を記載

/*** Milkcocoa Setup (you don't need to change this!) ***/
#define MILKCOCOA_SERVERPORT 1883

/*** Global State (you don't need to change this!) ***/
// Create an ESP8266 WiFiClient class to connect to the MQTT server.
WiFiClient client;
const char MQTT_SERVER[] PROGMEM = MILKCOCOA_APP_ID ".mlkcca.com";
const char MQTT_CLIENTID[] PROGMEM = __TIME__ MILKCOCOA_APP_ID;
Milkcocoa milkcocoa = Milkcocoa(&client, MQTT_SERVER, MILKCOCOA_SERVERPORT, MILKCOCOA_APP_ID, MQTT_CLIENTID);

// (3)
void onpush(DataElement *elem) { //
(5) int command;
//1:f_left 2:forward 3:f_right 0:stop 7:r_left 8:back 9:r_right

  Serial.println( "onpush" );
  command = elem->getInt( "com" );
  if(command == 1){
  handle_f_left();
  }else if(command == 2){
```

第10章 「MKZ4」応用編

```
handle_drive();
}else if(command == 3){
handle_f_right();
}else if(command == 0){
handle_stop();
}else if(command == 7){
handle_r_left();
}else if(command == 8){
handle_back();
}else if(command == 9){
handle_r_right();
} };

void setupWiFi() {
Serial.println();
Serial.println();
Serial.print( "Connecting to ");
Serial.println(WLAN_SSID);
WiFi.begin(WLAN_SSID, WLAN_PASS);
while (WiFi.status() != WL_CONNECTED) {
delay(500);
Serial.print( "." );
}
Serial.println();
Serial.println( "WiFi connected" );
Serial.println( "IP address: ");
Serial.println(WiFi.localIP());
}

void setup() {
Serial.begin(115200);
delay(10);
Serial.println( "Milkcocoa SDK demo" );
Wire.begin(4, 14);
delay(40);
setupWiFi();
pinMode(16,OUTPUT);
pinMode(12,OUTPUT);
Serial.println(
milkcocoa.on(MILKCOCOA_DATASTORE, "push" , onpush)
); // (4)
};
(中略)
```

[10-4] 「Milkcocoa」を使ったMKZ4遠隔操作

[プログラム解説]

[1] サンプルコードをベースに、変更を加えます。

「SSID」と「PASSWORD」はご自宅のWi-Fi環境に合わせて書き変えてください。

[2] 以下の箇所に、「app_id」を記載してください。

[3] サンプルプログラム通りに「Milkcocoa」オブジェクトを作ります。

[4] 「on()」メソッドを使うので、「setup関数」内に「milkcocoa.on()」を記載。

[5] コールバックを受ける「onpush関数」を記載。

■ Milkcocoa対応のブラウザ(HTML/JavaScript)プログラム

「custom」フォルダ内の「milkcocoa_javascript」フォルダ内にhtmlファイル、JavaScriptファイルが入っています。

「サンプル・プログラム」は、サポートページからダウンロードしてください。

● html側の作業

「html」には、必ず以下のJavaScriptを読み込ませます。

```
<script src='https://cdn.mlkcca.com/v2.0.0/milkcocoa.js'></script>
```

また操作方向にあう画像を用意します。

各方向のボタンをタップしたときに、その方向の引数を「milkcocoa」に送信する関数に引数として渡します。

第10章 「MKZ4」応用編

```
<img onclick=" send(1)" src=" ./image/f_left.png" width="
160″ height=" 160″ />
```

● JavaScript側の作業

オブジェクトのインスタンスを作ります。

var milkcocoa = new MilkCocoa('app-id.mlkcca.com');

「milkcocoa」にデータを送信する関数を作ります。

「push」メソッドで「milkcocoa」にデータを送信できます。

```
function send(command){ milkcocoa.dataStore( 'data' ).
push({ 'com' :command}); }
```

■ 操作方法

先ほど準備したhtmlファイルを開きます。

*

矢印の方向が「**MKZ4**」の操作指示となっています。

PCで開いた場合はクリックで、スマートフォンから開いた場合は、タップで操作指示を出せます。

中央のSTOPボタンで停止指示となります。

10-5 戦車を改造しよう（「ESP8266」を使った作例）

「MKZ4」を使って、「ワイルドミニ四駆」ではなく、「戦車」のプラモデルを改造をしてみます。

「MKZ4」のハンダ付けした基板のみを流用します。
ステアリングは使いません。

完成図

＊

本章は、電子工作に慣れたユーザー向けの内容のため、解説は最小限となっています。
自分でこの改造ができるように勉強すれば、思いのままに作品を作れるようになるでしょう。

■ 遠隔から「戦車」を操作

筐体が「戦車」に変わったことで、前回の内容に加えて、
①キャタピラ用ギアボックス
②モータ・ドライバ2個
が必要になります。

第10章 「MKZ4」応用編

①ギアボックス

アオシマの「1/48 リモコン AFV シリーズ」の「有線リモコン式戦車」(http://goo.gl/xbTZRO)を利用して、付属のギアボックスに「ESP8266」を接続して、Wi-Fiでコントロールします。

本製品は、1/48 スケールのシリーズでギアボックスがスリムに作られています。

ギアボックス比較

組み立ては「ミニ四駆」に比べると難しいのですが、「スケール・モデル」としては、パーツ数も少なく、組みやすいです。

組み立てには接着剤が必要です。

ここでは、タミヤの「速乾流し込みタイプ」を使いました。

速くきれいに組み進めることができ、お勧めです。

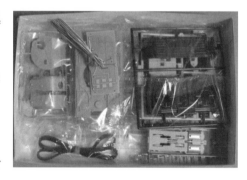

プラモの中身

②モータ・ドライバ

キャタピラを左右別々に動かすために、「モータ・ドライバ」が2つ必要です。

秋月電子の「DRV8835」使用「ステッピング&DCモータ・ドライバ・モジュール」を使い、「PWM制御」で走行させます。

http://akizukidenshi.com/catalog/g/gK-09848/

なお、「DRV8835」はモータ1個で1.5A、2個並列に使えば3A流せます。

[10-5] 戦車を改造しよう（「ESP8266」を使った作例）

　これまで使っていた「DRV8830」では、1Aしか流せませんでしたが、「ミニ四駆」のカスタマイズでも「DRV8835」を使えば、よりパワフルな走りができるはずです。

＊

　「DRV8835」の制御は、「IN/INモード(MODE=0)」を選択、動きに合わせて表1のような制御を行ないます。

■ 回路図

　今回の「戦車」では、「A側」に「左キャタピラ・モータ」、「B側」に「右モータ」を接続します。
　「ESP8266」からは4本の「PWM」で制御します。

＊

　「回路図」は以下になります。

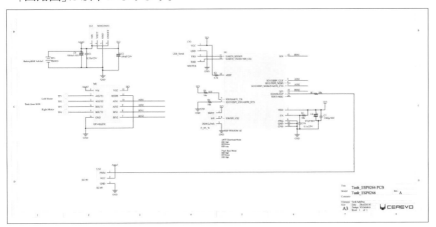

回路図

第10章 「MKZ4」応用編

■ 「ESP8266」の制御

「モータ・ドライバ」の制御をI²Cから**表2**のPWM2系統に変更してあります。

表2　DRV8835制御一覧

STATUS	走行モード	左モーター					右モーター				
		AIN1	AIN2	AOUT1	AOUT2	FUNCTION	BIN1	BIN2	BOUT1	BOUT2	FUNCTION
0	停止	1024	1024	L	L	ブレーキ	1024	1024	L	L	ブレーキ
1	前進	PWM	0	H	L	正転	PWM	0	H	L	正転
2	後進	0	PWM	0	PWM	逆転	0	PWM	0	PWM	逆転
5	左旋回	0	0	Z	Z	空転	0	0	Z	Z	空転
6	右旋回	PWM	0	H	L	正転	0	0	Z	Z	空転

※IN/INモード(MODE=0)
※H：High、L：Low、Z：HiZ、PWM：速度制御

砲塔を回転したい場合は図面に記載しているので、そちらを参照してください。

＊

このほかに「LED」や「BlueToothスピーカー」を付けても楽しめます。

＊

「Arduino IDEベース」のスケッチはサポートページからダウンロードできます。

■ 基板

回路図通り、「ESP8266」と「DRV8835」モータ・ドライバ・モジュール、「電源」を組み合わせた基板を作りました。

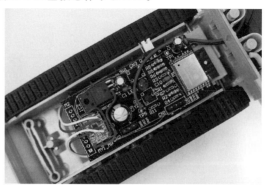

「ギアボックス」に対してちょうどいい大きさにしています。

[10-5] 戦車を改造しよう（「ESP8266」を使った作例）

上下の空間とギアに干渉しないように数mmほど現物調整した上で貼り付けます。

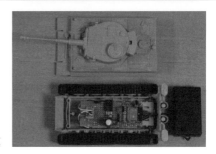

中身の写真

電池ボックスは内蔵するスペースがなかったため、車体の上に置くことにしました。

上からの写真

■ ユーザーインターフェイス(UI)

「UI」は、「左急旋回」「右急旋回」を追加して下記のようになります。

「Milkcocoa」とは下記の通信を行ないます。

1:f_left ／ 左旋回+前進
2:forward ／ 前進
3:f_right ／ 右旋回+前進
0:stop ／ 停止
7:r_left ／ 左旋回+後進
8:back ／ 後進
9:r_right ／ 右旋回+後進
4:left ／ 左急旋回
5:right ／ 右急旋回

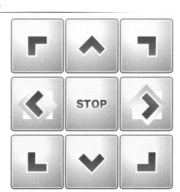

「htmlファイル」も「github」にあります。

149

第10章 「MKZ4」応用編

■ 完成

　複数作って隊列を組ませたり、各車両をあらかじめ配置して、フラッグを取り合うようなゲームならネット経由で対戦できると思います。

 走っている動画は、サポートページにあります。

10-6　「オリジナル筐体」を作ってみよう

　一般的に「3D CAD」と呼ばれる3Dの「モデリング・ソフト」を使って、オリジナルのボディを作ってみましょう。

　ここでは、無料で使えるAutodesk社の「Fusion360」というソフトの体験版を使います。
　このソフトは、「体験版」に機能の制約がなく、高額なハイエンドCADにも負けない機能を有しています。

　また、CADソフトのメニューは専門用語が多く登場しますが、「Fusion360」はメニューにマウスを乗せると丁寧に機能説明ウインドウが出てくるので、初めて「3D CAD」に触れるには最適なソフトです。

■「Fusion360」ダウンロード&インストール

以下のアドレスから体験版をダウンロードし、インストールします。
Autodesk社のユーザー登録が必要です。

「Fusion360」の解説や操作説明はWebや書籍で紹介されているものを、合わせて参考にしてみてください。

・AutoDesk Fusion360
http://www.autodesk.co.jp/products/fusion-360/overview

[10-6] 「オリジナル筐体」を作ってみよう

■ ボディ接続部の作成

「Fusion360」を起動すると、すでに新規作成画面になっているので、まずはボディの接続部を作ります。

[1] 平面が「XY」「XZ」「YZ」と3つあるので、水平方向にある「XZ」を選択し■をクリック、スケッチを作ります。

[2]「スケッチ▼」をクリックするとメニューが表われるので、ここからメニューを選択します。

まずは「ボディ」と「シャーシ」の接続部を作るので、そのためのガイドラインを作ります。
「実線」と「補助線」(点線)はスケッチパレットの実線/コンストラクションで切り替えが可能です。

[3] では、次のような「補助線」を作ってみましょう。

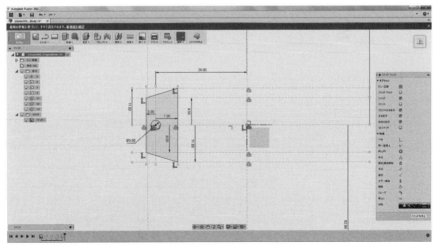

スケッチができたら■をクリックしてスケッチを終了します。

第10章 「MKZ4」応用編

[4] 次に「押し出し」をクリックし、立体を立ち上げます。

最初は直径3mmの円の内側をクリックして選択し、2mm押し、「円柱」を作ります。

「台形」と「円柱」両方を円柱とは反対方向に1.4mm押し出し、このような立体を作ります。

[5]「修正→フィレット」を選択し、必要な角に「R」(角丸)をつけます(ここでは「R1.5mm」をつけています)。

これでひとまずシャーシとの接続部は完成です。

反対側は最後に反転させるので、ここでは作成の必要はありません。

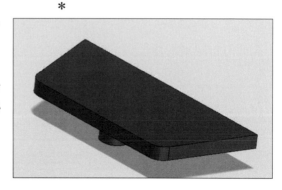

[10-6] 「オリジナル筐体」を作ってみよう

■ ボディ本体を半分作る

[1] YZ平面に大枠のガイドスケッチを作成します。
　ここでは高さ寸法を「40mm」に設定しました。

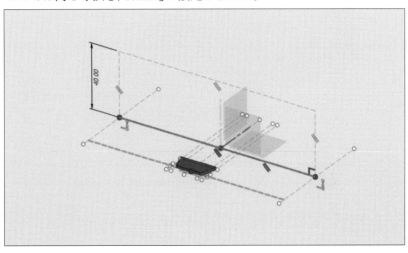

[2] ガイドを作ったら、外形線を作ります。

　「基板」や「サーボ」などと接触しないように作りましょう。

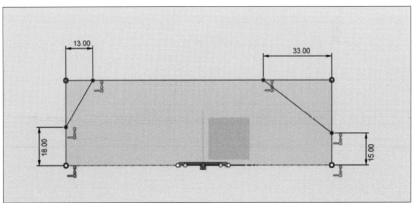

第10章 「MKZ4」応用編

[3]「外形線」を作ったら、押し出して立体化します。

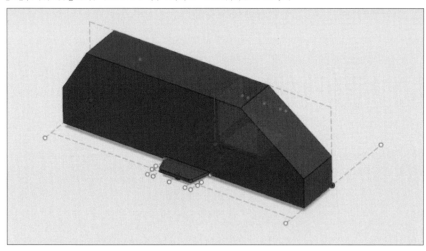

[4]これでボディの基本形状が完成しました。

[5]大きな角は、この時点で「フィレット・ツール」を使って「R」を作ります。細かい部分は後から調整するので、ここではそのままにしておきましょう。

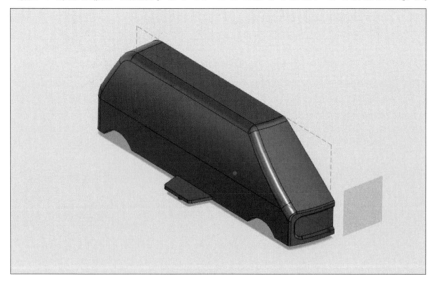

[10-6] 「オリジナル筐体」を作ってみよう

[6] 大まかに形状が完成したら、内部の肉抜きをして箱状の形状に変換します。ここでは「シェル」というツールを使います。

「修正」から「シェル」を選択してください。「シェル・ツール」では選択した面に対して空洞を作ることができます。

ここでは、ミニ四駆のカバーのみを作りたいので、中身にあたる部分を選択し、空洞を作ります。

第10章 「MKZ4」応用編

■ ボディ本体を完成させる

　ここまでで片側がすべて制作完了しました。

[1] もう片側を、「ミラー・ツール」(作成→ミラー) を使って左右対称ボディにします。

[2] オブジェクトに作成した立体を選択し、対称面に中心の面を選択、「OK」をクリックして作ります。

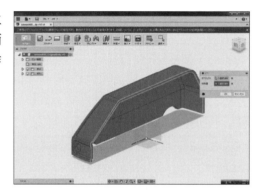

[3] このままでは左右対称の立体が2つある状態なので、結合ツール (修正→結合) を使って立体を1つにします。

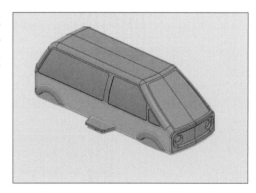

[10-6]「オリジナル筐体」を作ってみよう

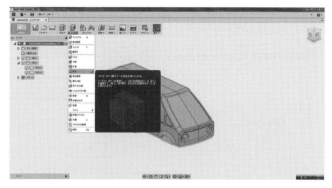

これで「オリジナルミニ四駆ボディ」の完成です。

■ 3Dプリントしてみよう

作ったデータを3Dプリンタで書き出してみましょう。

[1] 3Dプリントをするには、データを「STL形式」にする必要があります。

「Fusion360」でSTLデータに出力するときは、ファイルメニューから「3Dプリント」を選択します。

[2] 出力の「3Dプリントユーティリティに送信」のチェックを外します。

第10章 「MKZ4」応用編

ファイルの種類で「STL」を選択し、保存します。

[3] これで3Dプリンタなどでプリントできるデータが完成しました。

手持ちの3Dプリンタ、または3Dプリント出力してくれるサービスを利用して、オリジナルボディを組み立ててみましょう。

附録

「ESP8226」により高度な設定をする
～「espressif」が用意しているSDKの環境構築～

本書では「Arduino IDE」「Lua」と、導入しやすい開発環境の紹介をしてきましたが、CPUの性能を発揮させるには、純正SDKでの開発環境が必要になります。

ここでは、「espressif」が用意しているSDKの環境構築に挑戦します。「firmware」の書き込みにも、専用ツールを使います。

「Lチカ」をビルドして書き込むところまで記載します。

※本文では導入しやすい「Windows環境」でのインストールについて説明します。「Mac」でも「bootcamp」で「Windows」を使っている場合は同じです。

附録 「ESP8226」により高度な設定をする

附-1　　　　　　　　　必要なファイル

　「開発環境」込みのLinuxのdiskイメージが、開発元で用意されているので、「VirtualBox」の仮想環境で、SDKを動作させます。

＊

　公式サイトに環境構築の方法と必要なファイル一式があるのでそれらを利用します。

【解説】

https://espressif.com/en/support/explore/get-started/esp8266/getting-started-guide

【ダウンロード先(googledrive)】

https://drive.google.com/drive/folders/0B5bwBE9A5dBXaExvdDExVF NrUXM

＊

　まず、以下の5つのファイルが必要です。

---

①VirtualBox

　OSの仮想化ソフトです。先程のダウンロード先か、以下からダウンロードできます。

https://www.virtualbox.org/wiki/Downloads

②ESP8266_lubuntu_20141021.ova

　「VirtualBox」用の「diskイメージ」です。「ダウンロード先」から入手します。

③SDK

　「NONOS SDK Ver2.0.0」で今回はビルドします。

　下記リンク先の「SDK&Demos」から入手します。

https://espressif.com/en/products/hardware/esp8266ex/resources

④user_main.c

　「LED BLINK」(Lチカ)のサンプルです。

[附-2] SDK環境のインストール

⑤Flash Download Tools V3.4.4 (ESP8266 & ESP32)

下記リンク先のToolsから入手します。

https://espressif.com/en/products/hardware/esp8266ex/resources

＊

①は、OSに合ったものをダウンロードしてください。

 ④はサポートページからダウンロードしてください。

附-2　SDK環境のインストール

続いて「SDK環境」をインストールします。

[1]Dドライブを用意

パーティションを区切るか、USBメモリなどをDドライブに割り当てることも可能です。

Dドライブを用意したら、その中に「VM」フォルダを作ってください。

D:¥VM¥Share

[2]「VirtualBOX」を画面の指示に従ってインストール

附録 「ESP8226」により高度な設定をする

[3]イメージのインポート

「ファイル」→「仮想アプライアンスのインポート」で、

```
ESP8266_lubuntu_20141021.ova
```

を選択して、インポートしてください。

「VM」フォルダに、「vbox」と「vmdk」ファイルがコピーされます。

「ESP_Lubuntu」の設定で、「共有フォルダ」に「D:¥VM¥Share」を設定します。

[附-2] SDK 環境のインストール

Windows上で「D:¥VM¥Shareフォルダ」に「SDK」をコピーします。

SDKの「appフォルダ」

D:¥VM¥Share¥ESP8266_NONOS_SDK¥app

に、

D:¥VM¥Share¥ESP8266_NONOS_SDK¥examples¥IoT_Demo

の中身をコピーします。

附録 「ESP8226」により高度な設定をする

さらに、
```
D:¥VM¥Share¥ESP8266_NONOS_SDK¥app¥user
```
の「user_main.c」を[4]のファイルと差し替えます。

[5]「ESP8266_lubuntu」を起動する

起動後の画面は、右の図の通りです。

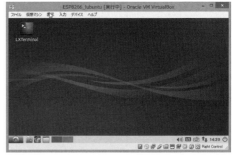

「LXTerminal」を起動して、「./mount.sh」と入力し、Enterを押します。

ユーザー名は「ESP8266」、パスワードは「espressif」です。

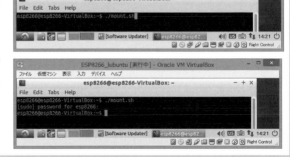

[附-2] SDK環境のインストール

フォルダがWindowsと共有されます。

「cd /home/esp8266/Share/ESP8266_NONOS_SDK/app」と入力し、Enter。

「app」のフォルダに移動します。

※キーボードの割り当てが異なるので、「_」は「shift + -」キー、「=」は「^」キーを押すと入力できる。

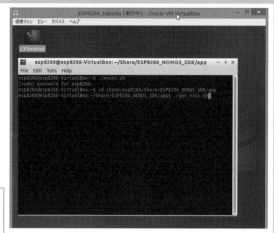

「./gen_misc.sh」と入力し、Enter。

```
STEP1: choose boot version (0=boot_V1.1, 1=boot_v1.2+, 2=none)   =>2
STEP2: choose bin generate (0=eagle.flash.bin+eagle.irom0text.bin, 1=user1.bin,2=user2.bin)  =>0
STEP3: choose spi speed(0=20MHz, 1=26.7MHz, 2=40MHz, 3=80MHz)   =>2
STEP4: choose spi mode(0=QIO, 1=QOUT, 2=DIO, 3=DOUT)    =>0
STEP5:
 0= 512KB( 256KB+ 256KB)
 2=1024KB( 512KB+ 512KB)
 3=2048KB( 512KB+ 512KB)
 4=4096KB( 512KB+ 512KB)
 5=2048KB(1024KB+1024KB)
 6=4096KB(1024KB+1024KB)
    =>6
```

コンパイルされて、「書き込み用のバイナリ・ファイル」が出力されます。

「binary」は、「D:¥VM¥Share¥ESP8266_NONOS_SDK¥bin」に生成されます。

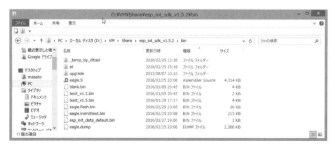

附録 「ESP8226」により高度な設定をする

「Programming Guide」は、下記リンクの「Documentation」の中にあります。

https://espressif.com/en/products/hardware/esp8266ex/resources

[6] Firmwareの書き込み

「USBシリアル変換アダプタ」と「Cerevo ブレイクアウト・ボードの接続」をしている前提で、**第2章**を確認しながらファームウェアを書き込んでください。

Windows上で、

ESP8266 DOWNLOAD TOOL V3.4.4

を使って、下図のような設定で**ESP8266**に書き込みます。

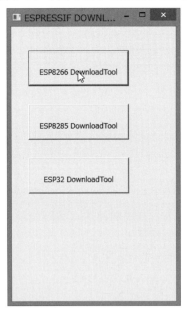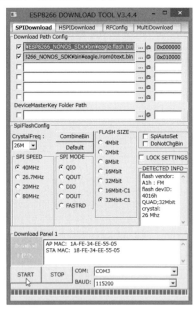

[START]をクリックして書き込み、「FINISH」が表示されれば、書き込み完了。

「ESP8266 DOWNLOAD TOOL」はWindows専用ツールなので、Macでは「esptool」を使う必要があります。

「Port12」にLEDをつなぐと、"Lチカ"しました。

附-3　調光式フォトスタンド

次は「SDK環境」での作例を、解説します。

ここでは「PWM」をスマホからコントロールする作例を説明します。

機能としては「Arduino IDE」でもできますが、「SDK」で試してみて、違いに慣れもらえればと思います。作例は簡単で実用的なものを用意しました。

スマホやPCでRGBの値を「スライダ」で設定し、「ESP8266」がそれぞれの値を受信して、その値に応じてLEDを調光します。

レーザー刻印したアクリル板を使って、「調光式フォトスタンド」を作ります。

調光式フォトスタンド

附録 「ESP8226」により高度な設定をする

附-4 作成したファイル

userフォルダの、

・user_webserver.c

・user_main.c

を変更します。

サポートページには「appフォルダ」で保存してあります。

「build」や「ESP8266」への書き込みの手順はすでに説明したとおりです。

附-5 PWMの記述説明

以下の資料に「software PWM」の「API」についての解説があります。

https://espressif.com/en/products/hardware/esp8266ex/resources

・**API References**

ESP8266 Non-OS SDK API Reference

8.4. PWM Related

・Programming Guide

ESP8266 Non-OS SDK IoT_Demo Guide

「API」については、これらを参考にしてください。

＊

[1]まず、どのGPIOをPWMに割り当てるか設定します。

¥VM¥Share¥ESP8266_NONOS_SDK¥include¥eagle_soc.h

のファイルを参照しながら、「PWM*」に「GPIO」を割り付けます。

[2]「pwm_init()」で初期化します。

「pwm_set_period」で周期設定、「pwm_get_duty」で「H期間」を設定します。

設定範囲は、最小「0」から、最大「周期 * 1000 /45」が設定値なので、1kHz
の場合は「222222」となります。

「Arduino IDE」より、細かな設定が可能です。

[3]「pwm_start」でpwm制御を開始します。

168

[附-5] PWM の記述説明

周期は「timer」が共通なので、全PWMで同じ設定ですが、「duty」は個別に設定可能なので、明るさは各chごとに制御できます。

さらに、これらを使った、「user_light()関数」が用意されています。
「user_light()」では、あらかじめ「PWM 5ch」が設定されており、「PWM0-5」の「GPIO」と「モジュールpin」の対応は、以下になります。

ch	GPIO	pin num
PWM0	GPIO12	pin4
PWM1	GPIO15	pin6
PWM2	GPIO13	pin5
PWM3	GPIO14	pin3
PWM4	GPIO05	pin14

周期1kHzでよければ、

```
user_light_init()
```

で初期化、

```
user_light_restart();
```

するだけで「pwm」を開始します。

明るさを変えるために「duty」を変えた場合は、そのつど「pwm_start()」する必要があります。

[4] 下記のように記述し、「3ch」にLEDをつなぐと、同じタイミングで徐々に明るく光ります。

```
user_light_init();
user_light_restart();

for(;;){
    num++;

    if(num >= 22222){
        num = 0;
    }

    user_light_set_duty(num, 0);
    user_light_set_duty(num, 1);
    user_light_set_duty(num, 2);
    pwm_start();

    os_delay_us(100);
}
```

附-6 WebServer

「USR」フォルダの「user_webserver.c」を参照してください。
以下で、簡単に関数を説明します。

● user_webserver_init関数

「softAP」の設定と、ブラウザからアクセスされるポートは「80番ポート」なので、「80番ポート」を受信可能としています。

「SERVER_SSL_ENABLE」を定義すると、無線LANにパスワードを設定できます。

※ここでは「cerevo」を設定している。

● webserver_recv関数

TCPの「80番ポート」にアクセスがくると、「webserver_recv関数」にコールバックされます。

SWITCH文で「GET」か「POST」の分岐がありますが、ブラウザからアクセスされた場合は「GETメソッド」なので、先ほど記載した「HTML」を返すようにしています。

「POST」の場合は、スライダの値を「URLエンコード」する形でPOSTするように記載しているので、HTTPのボディ部のパース※をしています。

※扱えるデータ構造に変換。

附-7 HTMLの記述

コード上ではあくまでも文字列として扱うので、1行ごとに「""」で囲うなどの加工が必要です。
コードでと比べてみてください。

コード内では分かりにくいので、「HTML」(ESP_SLIDER.html)をサポートページに用意しました。

> ※注意点は、PCと「ESP8266」がWi-Fiにつながるので、ESP8266から送信したHTMLに「外部参照」があると受信できない。
> そのため、「jQuery」などは使えないことになる。

　ここでは、「HTML5標準」の「スライダ機能」を使って、ブラウザ上の「UI」を表現しています。
　3つの「スライダ」を用意し、「0～1023」で可変します。
　「ESP8266」にPOSTするときは、httpのボディ部に、
```
silder1 = xx & silder2 = xx & silder3 = xx
```
のように入ります。

　この方式を「URLエンコード方式」といいます。

　シリアルでも通信内容を出力しているので、動作時に、「シリアル・モニタ」で確認ください。

> ※ただし、74880bpsになるので注意してください。

結果画面

「シリアル・モニタ」で確認

附-8　簡単な処理の流れ

　主な処理は、「user_webserver.c」で行なっています。
　また、「サンプル・コード」流用のため、使っていない機能もあるので、ご了承ください。

＊

附録 「ESP8226」により高度な設定をする

はじめに、スマートフォンからから「**ESP8266**」にWi-Fi接続してください。
接続情報は以下の通りです。

> SSID：ESP_Cerevo
> PASSWORD：なし

その後、「URL:192.168.4.1」にアクセスすると、「**ESP8266**」が上述のHTML
を出力し、ブラウザが「GET」します。

ブラウザの「スライダの値」に変化があった場合、値を読み込み、「ESP8266」
に一続きの文字列として「POST」します。

「ESP8266」は「&」をキーに、文字列を解釈して分離し、「slider*num」に数
値として格納します。

*

「slider*num」範囲は「0〜1024」なので、「duty」の範囲の「0〜22222」に対応
するよう22倍します。

```
pwm_set_duty(silder*_num, PWM_CHANNEL);
```

で、「duty」3chぶんを設定し、「pwm_start();」で調光します。

「user_main.c」では、「user_webserver_init()」の呼び出しと、「pwm」の初
期化だけ行なっています。

```
user_light_init();

pwm_set_duty(10000, 0);
```

附-9　　　　　注意点

LEDを3つ接続すると、Wi-Fiの消費電流に加えて多くの電流が流れるため、
(a)「LDOを外付けしててもUSBバスパワーの500mAを超えてしまう」可能性と、
(b)「ESP8266全体のIOに流せる電流値を超えてしまう」場合があります。

まずは、LED1個から試して、別電源か電池駆動にしてから、3ch以上を
試してください。

手元の作例では、3灯で「USBバスパワー+LDO3.3V」では、リセットがか
かって動作しないこともありました。

[附-10] 作 例

　安定化電源である「3.3V」使用時は、定常的に3灯MAXで「130mA」程度流れていました。 参考にして、ピークやLEDの制限抵抗や電源設計してください。

電流はチェックしながら

附-10　　作　例

　P.167のフォトスタンドは、娘が母親のためにデザインした「フォトフレーム」を自分が具現化したものです。

　「透明プラ板」や「アクリル」に、「レーザーカッタ」で刻印して、ライトを当てると刻印が浮かび上がるので、お手軽に楽しめます。

　また、右のようにカードゲームのお気に入りのキャラクタを飾って、エンブレムを刻印しスマートフォンで「パーソナルカラー」を調光する…なども、できると思います。

　回路はESPにLEDをつなぐだけで単純ですが、LEDを複数点灯する場合は、「デジタル・トランジスタ」などをポートに追加して、電流を流せるようにするなど、全体の電流仕様を満たす電源構成にしてください。

　電子工作用の汎用的なLEDであれば、「単三電池」2本でも3灯くらいは問題ないと思います。

索　引

五十音順

あ行

あ 赤LED······················58
　アクセス・ポイント名······105
　アップライト················118
　アップライトパーツ··········60
　アンダーアーム··············60
い 糸ハンダ·················63,65
え 遠隔操作····················138
お 温度ログ····················52

か行

か ガイドシール··········60,115
　回路図············68,94,147
　書き込み····················129
　カッター····················132
　紙マニュアル················60
　カラーコード················66
き ギアカバー··················113
　技術基準適合証明············12
　技術基準適合認定············12
　技適························12
　基板··················58,148,
　基板スペーサー··········60,122
　キャタピラ··················145
　吸煙器······················65
こ コンデンサ··············58,67
　コンパイル··················129

さ行

さ サーボ・ギア················118
　サーボ・ホーン··············119
　サーボ・モータ··············119
し シャーシ····················112
　ジャイロ・センサ············137
　遮光テープ··················132
　ジャンパ・ピン··············59
　シリアル・インターフェイス·····19
　シリアル・モニタ············40
　人感センサ付きライト········38
す スケッチ···············56,104,

た行

　ステアリング················118
　スペック····················14
　スマートフォン··············125
　スロット・シャフト··········60
　スワイプ····················126
せ セラミック・コンデンサ
　　　　　　　　··········58,61,73
　戦車························145
そ ソフト······················56

た行

た ダイオード・モード··········91
　タイヤ······················121
　タップビス··················59
　炭素皮膜抵抗················58
ち チップ抵抗··················58
　チップ抵抗··················80
　調光式フォトスタンド········167
　超小型USBシリアル
　　　　　　変換モジュール·····61
つ ツイート····················33
て 抵抗················58,66,71
　抵抗測定モード··············89
　低損失レギュレータ······58,61
　テスター··············63,65,87
　デバイス・ドライバ··········106
　デリミタ····················40
　電圧測定モード··············90
　電解コンデンサ·······58,61,78
　電気回路····················55
　電気ドリル··················62
　電池ボックス ······59,87,122
　電池ホルダー················111
　電流測定モード··············90
と 導通モード··················88
　ドライバ················63,98
　ドライバー··················62
　ドリル······················132
　ドリル刃····················63

な行

な ナイロンナット··············59
に ニッパ··············62,63,65
ね ネジ類······················59

は行

は ハンダ······················62
　ハンダコテ··················65
　ハンダごて··············62,63
　ハンダコテ台················65
　ハンダ吸い取り器·····63,65,92
　ハンダ吸い取り線············94
　ハンダ置き台················63
　ハンダ付け··················64
　半導体······················58
　ハンドドリル················62
ひ 引きこもり係数··············45
　評価キット··················22
　ピン・ヘッダ··········59,62,75
　ピンセット············62,63,65
　ピンソケット················62
　ピンバイス··············62,63
　ピン配置····················18
ふ フォトフレーム··············173
　プッシュ・プレート··········60
　ブラウザ··············28,125,
　プラスチックパナ············59
　フラックス··················65
　プラパーツ··················59
　フルカラー LED··············31
　ブレイクアウトボード·····15,17
　ブレーキランプ··············131
　ブレッドボード··············16
　プログラミング··············56
へ ベース・パーツ··········60,119
　ヘッドライト················131
ほ ホイール····················116
　ホイール・スペーサー···60,117
　砲弾型 LED··················132
　防犯ブザー··················38
　ボー・レート················40
　ホットボンド················132
　ボディ・スペーサー······59,123

索 引

ま行

ま	マイクロUSBケーブル ……62
	マイクロサーボ ……59
	マスキングテープ ……63
	マスキングテープ ……65
	丸ワッシャー ……59
み	ミニ四駆 ……54
め	メカ ……55
も	モータ ……14
	モータ・ドライバモジュール ……58,84

や行

や	ユーザーインターフェイス ……149

ら行

ら	ライターキット ……61
	ライター基板 ……108
り	両面テープ ……60
れ	レギュレータ ……77
ろ	ロータリースイッチ ……87
	六角ボルト ……59,118

わ行

わ	ワイルドミニ四駆 ……54
	ワイルドミニ四駆モータ ……85
	ワイルドミニ四駆改造キット ……57

アルファベット順

A

ADC ……13
AE-FT234X ……61
Arduino core for ESP8266 ……24
Arduino IDE ……19,99
Arduino Pro mini ……30
Arduino UNO ……25
ATコマンド ……19

B

button.lua ……44

C

Cerevo Makers series ……15
COMポート ……35

D

diskイメージ ……160
DRV8830 ……58

E

ESP8266 ……12
ESP8266EX ……12,58
Esplorer ……42
esptool ……36
ESP-WROOM-02 ……12

F

FT232モジュール ……19
Fusion360 ……150

G

GPIO ……13

I

I^2C ……40
IFTTT ……33,43,
ifttt.lua ……48
init.lua ……46
IoT ……13,54,
IPアドレス ……21

L

LED ……14,78,
loop関数 ……130
Lua ……33
Lua Pin配置 ……39
Lチカ ……128
L型ピン・ヘッダ ……76

M

main.lua ……47
Maker Channel ……43
Milkcocoa ……138
MKZ4 ……55
MKZ4WK ……61,108

N

NJM2396F33 ……58,61
NodeMCU ……39
NodeMCU Flasher ……34

O

OLEBY ……38
OSDR5113A ……58

P

PWM ……40

S

SDK ……14,160,
setup関数 ……130
software PWM ……168
SPI ……40
STL ……31

T

timer30min.lua ……50
timer48hour.lua ……51

U

UART ……13

V

VirtualBox ……160

W

WebServer ……170
Wi-Fiシールド ……26
Wi-Fiモジュール ……58,82
Wi-Fi機能 ……12
Wireshark ……32

数字

32ビットCPU ……12
3D CAD ……150
3Dプリンタ ……157

■著者略歴

 Cerevo(セレボ)

「コネクテッド・ハードウェアで生活をもっと便利に・豊かにする」
をコーポレートスローガンに掲げ、ネット接続型家電の企画・開発
を手掛ける新スタイルの家電メーカー。
改造ミニ四駆製作キット「MKZ4」を開発・販売している。

```
本書の内容に関するご質問は、
①返信用の切手を同封した手紙
②往復はがき
③FAX (03) 5269-6031
  (返信先の FAX 番号を明記してください)
④E-mail  editors@kohgakusha.co.jp
のいずれかで、工学社編集部あてにお願いします。
なお、電話によるお問い合わせはご遠慮ください。
```

サポートページは下記にあります。

[工学社サイト]
http://www.kohgakusha.co.jp/

I/O BOOKS

「ESP8266」で動かす「ミニ四駆」キット

平成 28 年 1 月 25 日 初版発行 © 2017	著 者	Cerevo
	編 集	I/O 編集部
	発行人	星　正明
	発行所	株式会社**工学社**
	〒160-0004 東京都新宿区四谷 4-28-20 2F	
	電話	(03)5269-2041 (代) [営業]
		(03)5269-6041 (代) [編集]
※定価はカバーに表示してあります。	振替口座	00150-6-22510

印刷：シナノ印刷(株)

ISBN978-4-7775-1989-7